KB195994

내면의 파동을 조율하는 법

주파수의 미학

이승환
(청담케이) 지음

BOOK STAR

추천의 글

현장에서 다양한 소리와 이미지를 조율하며 메시지를 전달해온 제게, 이 책은 새로운 자극을 주었습니다. 《주파수의 미학》은 삶의 진동과 에너지를 깊이 이해하고, 이를 통해 더 나은 삶과 세상을 만들어 가는 방법을 알려 줍니다. 명상과 마음 챙김을 통해 개인의 내면을 조율하며 균형과 평화를 찾는 여정은, 방송처럼 미세한 조율로 큰 변화를 만드는 과정과도 닮아 있습니다. 아날로그적인 미세한 떨림, 그 특별한 순간이 삶의 새로운 시각과 에너지로 전달되길 바랍니다.

_ 김지욱 | 유인라디오 프로듀서, 메리고라운드 대표

말과 소리를 통해 감동과 지혜를 전해온 아나운서로서, 《주파수의 미학》은 제게도 깊은 울림과 성찰의 기회를 선사한 특별한 책입니다. 이 책은 내면의 에너지를 섬세히 조율하고 주파수를 고양시켜 삶의 조화와 균형을 이루는 길을 안내합니다. 명상과 마음 챙김과 같은 실천적 도구를 통해 내적 평화를 찾고, 스스로를 치유하며 성장해 가는 과정은 모든 독자에게도 깊은 공감과 영감을 불러일으킬 것입니다. 자신의 삶을 더욱 맑고 풍요롭게 가꾸고자 하는 분들께, 진심으로 이 책을 추천드립니다.

_ 황유주 | 아나운서

아이돌의 건강과 에너지를 관리하는 트레이너와 체육학 교수로서, 《주파수의 미학》은 몸과 마음의 조화를 위한 필수적인 통찰을 제공하는 책으로 다가왔습니다. 이 책은 내면의 주파수를 조율하고 긍정적인 에너지를 높이는 구체적인 방법들을 통해, 우리의 삶과 목표를 더욱 건강하고 조화롭게 이끌어 갑니다. 몸과 마음의 균형을 찾고, 더 나은 자신으로 성장하고자 하는 모든 분께 이 책을 강력히 추천합니다.

_ 박엄지 | 아이돌 트레이너, 을지대학교 체육학과 교수

이 책은 우리 내면의 에너지를 섬세히 조율하고 주파수를 높임으로써, 더 조화롭고 평화로운 세상을 만들어 가는 방법을 제시합니다. 현대인의 삶은 도전과 스트레스로 가득 차 있지만, 이 책은 그러한 혼란 속에서도 균형과 평화를 찾아갈 수 있는 길을 차분히 안내합니다. 명상과 마음 챙김, 그리고 긍정적 에너지 활용법과 같은 실천적 도구들은 독자로 하여금 내면의 깊은 지혜를 깨닫게 하며, 삶의 조화를 이루는 기틀을 마련해 줍니다.

특히, 이 책이 제시하는 통찰은 단순한 이론에 머무르지 않고, 실천을 통해 삶의 작은 변화를 일구어내는데 초점을 맞추고 있습니다. 마치 한 방울의 물이 호수에 파문을 일으키듯, 작은 변화가 모여 큰 평화와 성장을 이루는 과정을 담아내고 있습니다. 《주파수의 미학》은 자기 성찰과 변화를 통해 더 나은 자신을 발견하고, 삶을 더욱 풍요롭고 의미 있게 만들어 가는데 깊은 영감을 줄 것입니다.

이 책을 읽는 경험은 단순히 한 권의 책을 넘어, 당신의 내면에 깊이 자리 잡은 에너지를 깨우고, 새로운 가능성의 문을 여는 특별한 여정이 될 것입니다. 자신의 삶뿐 아니라 주변에 긍정적이고 지속 가능한 변화를 이끌어 내고자 하는 모든 분께 이 책을 진심으로 추천드립니다.

_ 한한국 | 세계평화작가

아이돌과 팬들이 만들어 내는 에너지와 소통하는 K-pop 교수 박민입니다. 《주파수의 미학》은 내면의 에너지가 어떻게 우리의 삶을 변화시키는지 깊이 깨닫게 해 준 책입니다. 이 책은 개인의 주파수를 조율하고 높이는 명상과 마음 챙김을 통해 내적 평화와 외적 성장을 이루는 방법을 제시합니다. 자신만의 고유한 진동을 통해 세상에 긍정적 영향을 미치고 싶은 모든 독자에게 이 책을 추천합니다. 변화는 내면에서 시작됩니다.

_ 박민 | 동서울대학교 K-POP학과 교수

프롤로그

당신이 지금 이 책을 손에 든 것은 결코 우연이 아닙니다. 바로 나와 당신의 주파수가 서로를 끌어당긴 결과입니다. 세상은 넓고 책들은 넘쳐납니다. 그 수많은 책들 속에서 바로 이 책을 선택한 당신에게는 분명한 이유가 있습니다. 어쩌면 당신은 이 책을 집어 들면서 "왜 하필 이 책일까?"라는 의문을 가진 적이 있을지도 모릅니다.

이 책을 통해 당신은 자신만의 주파수를 더욱 명확히 인식하게 될 것이며, 그 주파수가 어떻게 당신의 삶을 형성하고 있는지 발견하게 될 것입니다. 이것은 정보를 습득하는 것 이상의 깊은 경험이 될 것입니다. 이 책은 새로운 시각을 제공하고, 일상에서 겪는 다양한 상황들에 대해 다르게 생각해 볼 기회를 제공할 것입니다.

저는 확신합니다. 당신이 이 책에서 얻어 갈 것이 한 가지 이상이 될 것이라는 것을. 그것이 지식일 수도, 새로운 관점이나 영감일 수도 있습니다. 당신의 내적인 세계와 외적인 세계를 연결하는 새로운 방식을 발견하게 될 것입니다.

당신이 이 책을 통해 당신과 나, 우리 모두의 주파수가 어떻게 울려 퍼지고 있는지 느껴 보길 바랍니다. 당신이 이 책을 선택한 순간부터 이미 우리는 특별한 연결고리를 맺었습니다. 이제 당신의 여정이 어떻게 펼쳐질지 함께 떠나 봅시다.

중심 이야기 개요

미혼 남성 알렉스는 인생에서 연속된 실패와 결혼하지 못한 채로 살아가는 것에 큰 불만과 좌절을 느끼며 자신의 삶을 되돌아보게 됩니다. 그의 삶에는 성공이란 없었고, 그는 자신이 왜 실패를 거듭하는지 이해할 수 없었습니다.

어느 날 그는 공원에서 우연히 만난 백발의 노인 조나단과 대화를 나누게 됩니다. 조나단은 알렉스에게 인생의 문제들이 어떻게 에너지와 주파수의 문제로 귀결될 수 있는지 설명합니다. 그는 알렉스에게 자신의 에너지를 관리하고, 주파수를 조율하는 방법을 가르쳐 줍니다.

이야기는 알렉스가 조나단의 지도를 받아 내면의 주파수를 조정하고, 자신의 삶을 긍정적인 방향으로 변화시키기 위해 노력하는 과정을 따릅니다. 조나단은 알렉스에게 명상, 마음챙김, 감사 연습, 운동, 시각화 등을 소개하고, 이러한 기법들이 어떻게 개인의 주파수를 높여 삶의 질을 향상할 수 있는지 설명합니다.

주파수는 자기 개발을 위한 새로운 접근이며 인생의 다양한 문제들과 그 해결책을 에너지와 주파수의 관점에서 이야기하는 도서입니다. 이 책은 특히 자신의 내면과 외부 세계와의 연결을 강화하고, 꿈과 목표를 달성하기 위한 자기 주파수의 조정 방법에 대한 심도 깊은 통찰을 제공합니다.

목차

II. 모든 것은 주파수

서문

만남

조나단: 젊은이, 혹시 도움이 필요한가요?

알렉스: 아, 네. 사실 이 공원이 처음이라 조금 헤맸습니다. 이 근처에 좋은 카페가 있다고 들었는데……

조나단: 그 카페라면 바로 저길 따라가다 보면 나와요. 아주 좋은 곳이지요, 좋은 선택이네요. 그런데 젊

은이, 이렇게 좋은 공원에서 왜 그런 힘들고 지친 표정으로 걷고 있나요? 이름을 물어봐도 되나요?

알렉스: 아, 제 이름은 알렉스입니다. 그리고 여기가 처음이라 말씀드렸죠. 일과 스트레스 때문에 머리 좀 비우고 나왔어요. 혹시 선생님의 존함은요?

조나단: 저는 조나단이라고 합니다. 허허, 이 공원은 나의 단골 장소지요. 알렉스 씨, 혹시 시간이 되신다면 같이 앉아서 이야기 좀 나눌 수 있나요?

알렉스: 음, 네, 좋습니다. 조금의 여유도 필요하고요.

두 사람이 벤치에 앉는다.

조나단: 알렉스 씨는 어떤 일을 하고 있나요?

알렉스: 저는 IT 회사를 하고 있습니다. 최근 프로젝

트가 잘 풀리지 않고 사람들과의 관계도…… 많이 힘들어요.

조나단: 그렇군요, IT는 항상 변화가 빠르고 압박도 크지요. 하지만 알렉스 씨가 이렇게 자연 속에서 시간을 보내려는 걸 보니, 이미 좋은 방향을 찾고 있는 것 같네요.

알렉스: 그렇게 생각해 주셔서 감사합니다. 조나단 씨는 여기에 자주 오시나요?

조나단: 네, 나는 은퇴한 뒤로 자주 이 공원을 찾지요. 책을 읽거나, 사람들을 만나 이야기를 나누는 것을 좋아하네요.

알렉스: 아, 그렇군요. 많은 것을 경험하신 것 같아요. 저도 이런 곳에서 무엇인가 배울 수 있으면 좋겠네요.

조나단: 모든 만남과 경험에서 배울 것이 있지요. 자네와의 이 대화도 우연이 아닐 겁니다. 허허, 서로의 이야기를 나누면서 우리 모두 무언가를 배울 수 있으니까요.

알렉스: 정말 그렇게 됐으면 좋겠습니다. 조나단 씨, 조언을 좀 구해도 될까요?

조나단: 물론이지요, 언제든지 물어봐 주시게.

에너지와 주파수의 중요성 소개

조나단: 난 요즘 읽고 있는 책에서 정말 흥미로운 주제를 발견했네요. 에너지와 주파수가 우리 인생에 미

치는 영향에 대해서입니다. 이 주제에 대해 들어본 적 있나요?

알렉스: 조나단 씨, 물론이죠. 에너지와 주파수라…… 물리학에서 주로 다루는 개념들이지만, 사람의 인생에 어떤 실질적인 영향을 미치는지는 잘 모르겠습니다.

조나단: 그렇지요. 이 책에서는 에너지와 주파수를 단순한 물리학적 개념을 넘어, 우리의 삶을 변화시킬 수 있는 실질적인 도구로 설명하고 있어요. 모든 인간은 에너지를 발산하고 있고, 이 에너지의 질과 파동 그리고 진동 주파수가 우리의 경험과 현실을 형성한다고 하는군요.

알렉스: 흥미롭군요. 그런데 구체적으로 어떻게 우리의 에너지와 주파수가 삶에 영향을 미친다는 건가요?

조나단: 아주 좋은 질문입니다. 허허! 예를 들어 보자면, 우리의 생각과 감정이 이 에너지의 질을 결정하

고. 긍정적인 생각과 감정은 높은 주파수의 에너지를 생성하고, 이는 우리를 더 나은 기회와 경험으로 이끌지요. 반대로 부정적인 생각과 감정은 낮은 주파수의 에너지를 발산해, 그로 인해 우리의 삶에 더 많은 문제와 도전이 나타나게 되는 거지요.

알렉스: 그렇다면, 우리가 스스로의 에너지 주파수를 관리하면서 삶의 질을 향상시킬 수 있다는 건가요?

조나단: 바로 그거예요. 자신의 에너지를 의식적으로 관리하는 방법을 배우는 것, 그것이 바로 이 책의 핵심 메시지에요. 명상, 긍정적인 사고, 감사의 표현 같은 실천을 통해 우리는 자신의 주파수를 높일 수 있지요.

알렉스: 그렇게 함으로써 우리는 더 긍정적인 삶의 경험을 끌어당길 수 있겠군요. 사실, 종종 내 주변 사람들도 내 태도와 에너지에 영향을 받는 것 같아요.

조나단: 맞습니다, 우리의 에너지와 주파수는 주변 사람들에게도 영향을 미쳐요. 그래서 이 책은 개인적인 변화뿐만 아니라, 우리가 속한 공동체와 세계에 긍정적인 변화를 가져오는 방법에 대해서도 논하고 있구요.

알렉스: 정말 멋진 개념이네요, 조나단 씨. 제 삶에서도 이런 원칙들을 적용해 보고 싶습니다. 특히 더 많은 긍정적인 에너지를 내 주변에 퍼뜨리고 싶어요.

조나단: 그렇게 하면 좋겠네요. 우리 모두가 자신의 에너지와 주파수를 의식적으로 관리하려 노력한다면, 우리의 삶과 이 세상은 훨씬 더 긍정적인 방향으로 발전할 거예요. 알렉스 씨도 이 책을 한 번 읽어 보세요. 분명 알렉스 씨의 생각과 삶에 많은 영감을 줄 겁니다.

알렉스: 꼭 그렇게 하겠습니다. 조나단 씨, 오늘 이렇게 흥미로운 주제로 이야기해 주셔서 정말 감사합니다. 덕분에 새로운 관점을 배울 수 있었어요.

조나단: 알렉스 씨, 이 책을 통해서 알렉스 씨가 얻을 수 있는 건 단순히 정보의 습득이 아니에요. 여기에는 당신 스스로를 변화시킬 수 있는 실질적인 도구들이 담겨 있어요. 에너지와 주파수에 관한 이해를 바탕으로, 자신의 내면과 외면적 삶을 어떻게 개선할 수 있는지 배울 수 있지요.

알렉스: 도구요? 그런 도구들이 구체적으로 무엇인가요, 엄청 알고 싶습니다.

조나단: 첫째, 자기 인식을 높이는 방법입니다. 이 책은 우리가 어떻게 일상에서 자신의 생각과 감정을 관찰하고, 그것이 우리의 에너지와 주파수에 어떻게 영향을 미치는지 이해할 수 있게 해 줍니다.

둘째, 명상과 같은 기술을 통해 스트레스를 관리하고, 자신의 주파수를 의도적으로 조절하는 방법을 배우게 될 겁니다.

알렉스: 아, 그렇군요. 그렇다면 이런 기술들은 실제 생활에서 어떻게 적용할 수 있나요?

조나단: 예를 들어, 매일 아침 또는 저녁 명상을 실천하여 하루를 시작하거나 마무리할 수 있어요. 이 시간을 통해 자신의 감정을 중립화하고, 긍정적인 생각으로 에너지를 재충전할 수 있지요. 또한, 어려운 상황에 직면했을 때, 부정적인 생각이 들기 시작하면 그 생각을 의식적으로 긍정적인 것으로 전환해 보는 연습을 할 수 있어요.

알렉스: 정말 유익하군요. 다른 사람들에게도 이런 긍정적인 변화를 전파할 수 있을까요?

조나단: 물론이지요! 알렉스 씨가 배운 이 기술들을 활용해서 주변 사람들과의 관계를 개선할 수 있어요. 예를 들어, 친구나 동료가 힘든 시기를 겪고 있다면, 자네의 긍정적인 에너지를 공유하여 그들의 기분을 전환해 줄 수 있어요. 이렇게 함으로써 당신은 단지

자신만이 아니라, 자네가 속한 공동체에 긍정적인 영향을 미치는 사람이 될 수 있지요.

알렉스: 이 모든 것이 정말 가능하다니 놀랍습니다. 조나단 씨, 이 가르침을 공유해 주셔서 정말 감사합니다. 이 책을 통해 제가 어떻게 더 나은 사람이 될 수 있는지, 그리고 제 주변 사람들과 긍정적인 관계를 어떻게 형성할 수 있는지 배울 수 있을 것 같습니다.

조나단: 그래요, 알렉스 씨. 당신 스스로가 변화를 꾀하고 그 변화를 주변에 전파하는 것에서부터 진정한 성장이 시작되지요. 이 책이 당신에게 훌륭한 가이드가 될 것이라 확신해요. 그럼 계속해서 배우고, 성장하고, 발전해 볼까요?

내면의 파동

제1장

에너지와 주파수의 기초

조나단과 알렉스의 만남: 공원에서 우연히 만난 조나단이 알렉스에게 에너지와 주파수의 기본을 설명하며 이 이야기가 공원 벤치에서 계속됩니다.

개인의 에너지와 주파수 이해하기

조나단: 알렉스 씨, 당신은 자신의 에너지와 주파수

에 대해 얼마나 자주 생각하나요? 사실 많은 사람이 자신이 어떤 에너지를 발산하고 있는지, 그리고 그것이 어떻게 자신의 인생에 영향을 미치는지 잘 모르고 살고 있지요.

알렉스: 솔직히 말해서, 저는 제 에너지나 주파수에 대해 별로 생각해 본 적이 없어요. 그게 정확히 무슨 의미인지도 잘 모르겠네요.

조나단: 그렇군요. 허허, 에너지와 주파수는 우리 각자가 발산하는 내적인 힘입니다. 우리의 생각, 감정, 태도 모두가 이 에너지를 형성하고 있고, 이는 우리가 어떻게 행동하고, 다른 사람들과 어떻게 상호작용하는지에 큰 영향을 미친답니다.

알렉스: 그렇다면 제 에너지와 주파수를 어떻게 알아차릴 수 있나요?

조나단: 첫 단계는 자기 관찰입니다. 매일의 생활 속

에서 당신이 어떻게 느끼는지, 어떤 생각을 하고 있는지 주의 깊게 살펴보는 거지. 예를 들어, 당신이 화가 났을 때와 행복할 때 당신 주변 사람들이 어떻게 반응하는지 관찰해 봐요.

알렉스: 그러면 그 관찰을 통해 무엇을 배울 수 있나요?

조나단: 당신이 어떤 감정 상태일 때 어떤 에너지를 내뿜는지 알게 되고, 그 에너지가 주변 환경과 사람들에게 어떤 영향을 미치는지 이해할 수 있게 되지요. 이 정보를 바탕으로, 당신은 의식적으로 당신 에너지와 주파수를 관리하려고 노력할 수 있어요.

알렉스: 그래서 제가 더 긍정적인 에너지를 유지하려면 어떻게 해야 하나요?

조나단: 긍정적인 생각을 하려고 노력하고, 자신을 둘러싼 환경을 긍정적으로 만드는 것이 중요합니다.

명상, 요가, 긍정적인 사람들과 시간을 보내는 것 등이 모두 도움이 되지요. 또한, 당신이 좋아하는 활동을 하는 것도 중요합니다. 이런 활동들은 당신을 행복하게 하고, 자연스럽게 당신의 주파수를 높이는 데 도움이 되거든요.

알렉스: 조나단 씨, 정말 감사해요. 이제부터라도 제 에너지와 주파수에 더 많은 주의를 기울여야겠어요. 그리고 제 주변에도 긍정적인 변화를 만들어 보고 싶습니다.

조나단: 그래요, 알렉스 씨. 자신의 에너지와 주파수를 이해하고 관리하는 것은 자기 자신뿐만 아니라 주변 사람들에게도 큰 도움이 되지요. 당신이 좋은 에너지를 발산하면 그 에너지는 주변 사람들에게도 퍼지게 되니까 말입니다. 계속해서 배우고 성장하길 바랍니다.

에너지의 조화와 불균형의 영향

조나단: 알렉스 씨, 당신의 최근 삶에서 겪는 어려움들에 대해 생각해 본 적이 있나요? 종종 우리의 문제들은 에너지의 불균형에서 비롯되곤 합니다.

알렉스: 정말요? 저는 그냥 운이 없다고만 생각했어요. 에너지 불균형이라니, 그게 정확히 무엇을 의미하나요?

조나단: 보통 우리의 에너지가 잘 조화를 이루고 균형을 유지할 때, 우리는 건강하고, 행복하며, 생산적이 되지요. 하지만 스트레스, 부정적인 생각, 건강하지 못한 생활 습관 같은 것들이 이 균형을 방해할 때 문제가 발생합니다.

알렉스: 그렇다면 제가 겪는 스트레스와 불안이 제 에너지 불균형을 초래할 수도 있다는 말씀이신가요?

조나단: 정확해요. 스트레스와 불안은 당신의 몸과 마음에 부정적인 에너지를 쌓게 만들고, 이것이 당신의 일상생활에 영향을 미치지요. 이 부정적인 에너지는 당신이 어떻게 생각하고, 느끼고, 행동하는지에 큰 영향을 줍니다. 그 결과 더 많은 문제와 도전에 직면하게 되는 겁니다. 허허…… 자, 그럼 조금 걸으면서 조금 더 이야기해 볼까요?

제2장

자기 조율과 주파수 조정

긍정적 주파수로 조율하는 방법

두 사람은 의자에서 일어나 조금 천천히 걷기 시작한다.

알렉스: 조나단 씨, 저는 지금껏 정말 수많은 실패를 겪었어요. 항상 무언가가 잘못되는 것 같고, 마치 제 주변에 부정적인 에너지가 가득한 느낌이에요.

조나단: 알렉스 씨, 실패는 모두에게 찾아오는 겁니다. 그러나 중요한 것은 그것을 어떻게 받아들이고, 우리가 어떻게 다시 일어서느냐이지요. 당신은 그럼 어떤 방식으로 이 문제들을 해결하려고 노력하고 있나요?

알렉스: 사실 많은 방법을 시도해 봤지만, 잘 통하지 않는 것 같아요. 이제는 무엇을 해야 할지 모르겠습니다.

조나단: 그럼 이제부터는 긍정적인 주파수로 자신을 조율해 보는 건 어떨까요? 예를 들어, 실패를 단순히 실패로만 보지 말고 배울 점을 찾아보는 거예요. 그 실패에서 당신이 배운 것은 무엇인가요?

알렉스: 글쎄요, 실패를 통해 저는 인내심을 조금 더 배운 것 같아요. 그리고 다음 시도에서 무엇을 달리 해야 할지도 알게 되었죠.

조나단: 바로 그겁니다. 허허! 이제 그런 경험을 자산으로 생각해 보는 건 어떨까요? 그리고 매일을 시작할 때, 가능한 한 긍정적인 생각으로 하루를 시작하는 건 어떨까요? 예를 들어, '오늘은 무엇인가 좋은 일이 일어날 거야'라고 스스로에게 말해 보는 겁니다.

알렉스: 그런 긍정적인 말들이 정말로 도움이 될까요?

조나단: 물론이지요. 긍정적인 생각은 자신감을 높이고, 스트레스를 줄여 줄 뿐만 아니라, 실제로 우리의 행동에도 긍정적인 영향을 미칩니다. 자, 호흡 기법을 조금 가르쳐 줄게요. 깊게 숨을 들이마시고, 천천히 내쉬면서 마음을 진정시켜 봐요.

알렉스: 이렇게요? 음…… 후…… 음…… 후……

조나단: 맞아요, 바로 그렇게요. 이제 당신은 매일 저녁, 그날 있었던 좋은 일들을 세 가지 적어 보는 것을 시작해 봅시다. 자신이 감사할 수 있는 것들을 찾아

보는 거예요.

알렉스: 좋은 생각이네요. 그것도 도움이 될 것 같습니다. 그리고 제 주변에 긍정적인 사람들을 더 많이 만나려고 노력해야겠어요.

조나단: 맞아요, 긍정적인 사람들과의 교류는 당신에게 큰 힘이 될 것입니다. 그들은 당신을 격려하고, 당신이 성공할 수 있도록 도와줄 겁니다. 이 모든 것이 당신의 주파수를 상승시켜 주고 긍정적인 주파수로 조율하는 데 도움이 될 것입니다.

스트레스와 부정적 주파수 극복

조나단: 알렉스 씨, 최근에 스트레스를 많이 받고 계시는 부분이 구체적으로 어떤 부분인가요?

알렉스: 네, 요즘 일이 너무 많고 틀어져서 감당하기 힘들고, 모든 것이 부정적으로만 느껴지고 짜증이 납니다. 이 상태에서 벗어나고 싶습니다.

조나단: 그렇군요. 스트레스는 누구나 경험하는 자연스러운 반응입니다. 하지만 그것을 효과적으로 관리하는 법을 배우는 것이 중요합니다. 혹시 가장 큰 압박을 주는 요인을 좀 더 구체적으로 설명해 주실 수 있으실까요?

알렉스: 일단은 업무의 양과 다가오는 프로젝트들 때문에 시간 관리가 잘되지 않고 있습니다.

조나단: 시간 관리에 어려움을 겪고 계시군요. 한 가지 방법으로, 하루 중 가장 중요한 작업에 집중할 수 있는 시간을 따로 설정하시고, 그 시간 동안은 다른 방해가 없도록 환경을 조성해 보시는 것을 추천해 드립니다. 이 방법이 스트레스를 줄이는 데 도움이 될 수 있을 것 같군요.

알렉스: 그렇군요. 그리고 부정적인 생각은 어떻게 다루면 좋을까요?

조나단: 부정적인 생각을 다루는 방법 중 하나는 명상입니다. 매일 5~10분씩 명상을 해 보시는 것이 좋은 시작이 될 것입니다. 명상은 마음을 진정시키고, 현재에 집중하게 도와주어, 부정적인 생각의 연속을 끊고 긍정적인 생각으로 전환하는 데 큰 도움이 될 수 있습니다.

부정적인 생각이 머릿속을 스칠 때마다 그것들을 쫓아내는 독특한 방법을 만들어 “저리 가렴!! 훠훠!!”

같은 자신만의 단어를 사용해 이런 생각들을 마치 먼지를 털어내듯 멀리 보내 버리면 됩니다. 이 방식은 마음속의 불필요한 소음을 제거하고 긍정적인 상태로 돌아가는 데 도움을 줍니다.

알렉스: 명상이 좀 어렵게 느껴지는데, 실천하기 어렵지 않을까요?

조나단: 처음에는 어려움을 느끼실 수 있습니다. 하지만 명상은 연습이 필요한 기술입니다. 간단한 호흡 명상부터 시작해 보시는 것을 추천해 드립니다. 숨을 천천히 들이마시고, 느리게 내쉬면서 마음이 숨에 집중하도록 해 보세요.

알렉스: 그렇게 해 보도록 하겠습니다. 다른 스트레스 해소 방법은 어떤 것들이 있을까요?

조나단: 운동은 스트레스를 효과적으로 줄이는 또 다른 방법입니다. 규칙적인 운동은 긴장을 풀어 주

고, 엔도르핀을 방출하여 기분을 좋게 합니다. 특히 달리기는 도파민, 세로토닌, 노르에피네프린 등도 발생시키지요. 매일 30분씩 걷기나 요가 같은 가벼운 운동을 해 보시는 건 어떨까요?

알렉스: 알겠습니다. 운동을 통해 스트레스를 관리하려고 노력해 볼게요.

명상과 마음챙김을 통한 자기 조율

조나단: 알렉스 씨, 명상과 마음챙김에 대해 더 깊이 이야기해 보려고 합니다. 이 두 기술은 자기 조율에 매우 효과적이죠. 명상에 대한 기본적인 이해가 있으신가요?

알렉스: 네, 조금은 알고 있습니다. 하지만 실제로 어떻게 명상을 시작해야 하는지, 그리고 마음챙김이 정확히 무엇인지는 잘 모르겠어요.

조나단: 좋은 대답입니다. 명상은 단순히 앉아서 숨을 쉬는 것 이상입니다. 실제로는 현재 순간에 집중하고, 우리의 생각과 감정을 관찰하는 연습입니다. 마음챙김은 그 순간에 '완전히' 존재하고, 순간의 경험을 판단하지 않고 받아들이는 것을 말합니다.

알렉스: 그렇군요. 그럼 실제로 명상을 어떻게 시작하면 좋을까요?

조나단: 가장 간단한 방법은 호흡에 집중하는 것입니다. 편안한 자세로 앉아서, 숨을 천천히 들이쉬고, 천천히 내쉬면서 단순히 숨이 들어오고 나가는 것을 관찰하세요. 이 과정에서 다른 생각이 떠오르면, 그 생각을 부드럽게 인식하고 다시 호흡에 집중합니다.

알렉스: 생각이 자꾸 떠오르면 어떻게 해야 하나요?

조나단: 매우 자연스러운 일입니다. 명상은 생각을 멈추게 하는 것이 아니라, 생각을 인식하고 그것에 휩쓸리지 않는 연습입니다. 생각이 떠오르면, 그것을 판단하거나 붙잡지 말고 다시 숨에 집중하세요.

알렉스: 이해했습니다. 그런데 이 모든 연습이 제 감정을 어떻게 조율할 수 있게 만드나요?

조나단: 좋은 질문이네요. 허허, 명상과 마음챙김은 우리가 자신의 감정과 생각을 더 명확하게 인식하게 해 줍니다. 이를 통해 자기 자신을 더 잘 이해하고, 감정의 원인을 알게 되면, 감정이 고조될 때 침착함을 유지하고 효과적으로 반응할 수 있습니다.

알렉스: 실제로 연습을 하면 변화를 느낄 수 있을까요?

조나단: 분명히 그렇습니다. 명상과 마음챙김은 지속적인 연습이 필요하지만, 꾸준히 실천하면 정신적으로도 감정적으로도 더 안정적이고 조화로운 상태를 경험하실 수 있습니다. 이는 스트레스가 많은 상황에서도 균형을 유지하는 데 큰 도움이 됩니다.

알렉스: 네, 실제로 해 보고 싶습니다. 조나단 님의 도움으로 시작해 보겠습니다.

조나단: 언제든지 도와드릴게요, 알렉스 씨. 명상과 마음챙김은 자기 자신을 더 잘 이해하고, 더 건강한 삶을 위한 강력한 도구가 될 수 있습니다.
알렉스 씨, 어려움을 느낄 때는 혼자 해결하려고 하지 마시고 전문가의 도움을 받는 것도 고려해 보세요. 스트레스는 혼자서 극복하기 어려운 것이니까요. 언제든 도움이 필요하시면 저에게 말씀해 주세요.

알렉스: 정말 감사합니다. 어르신, 이제 저에게 말씀을 놓으셔도 될 것 같습니다.

조나단: 허허, 카페에 다 왔네요. 역시 이곳은 정말 마음이 편한해지는 카페네요. 그럼 따뜻한 차를 마시며 이야기를 더 해 볼까요?

제3장

관계의 주파수

카페에 들어선 두 사람은 조용한 공원이 한눈에 보이는 창가 자리에 앉았습니다. 따뜻한 차를 주문하고, 그들의 차가 도착하자 차를 마시며 대화를 이어갔습니다. 부드러운 차의 향과 함께 차분한 공원의 풍경이 두 사람 사이의 분위기를 더욱 따뜻하고 친밀하게 만들었습니다. 그들의 사이가 조금 더 가까워졌습니다.

조나단: 알렉스, 우리가 살고 있는 세계는 크게 두 부분으로 나눌 수 있다네. 하나는 우리 눈에 보이는

물리적인 세계이고, 다른 하나는 보이지 않는 내적인 세계지.

알렉스: 그렇다면, 보이지 않는 세계에 대해 어떻게 알 수 있나요? 그곳에도 에너지가 존재한다는 건 어떻게 증명할 수 있죠?

조나단: 좋은 질문이네. 보이지 않는 세계에서의 에너지는 주파수와 파동의 형태로 존재해. 예를 들어, 우리의 감정이나 생각들이 그 예가 될 수 있지. 이런 내적인 요소들은 눈에 보이지 않지만, 우리의 행동과 반응에 큰 영향을 미치고 있다네.

알렉스: 그럼, 이 내적인 요소들을 어떻게 측정할 수 있나요?

조나단: 우리는 이것을 직접적으로 측정할 수는 없지만, 그 영향을 관찰함으로써 간접적으로 이해할 수 있지. 예를 들어, 사람들이 특정 상황에 어떻게 반응

하는지 보면 그들의 내적 주파수를 어느 정도 유추할 수 있지. 높은 주파수는 보통 긍정적인 감정과 연결되며, 낮은 주파수는 부정적인 감정과 연결되곤 해.

알렉스: 그렇다면 우리가 어떻게 자신의 주파수를 조절할 수 있을까요?

조나단: 자기 자신에 대한 깊은 이해와 자각이 필요하다네. 우리가 생각하고 느끼는 모든 것이 에너지를 생성하고, 이 에너지가 우리 주변의 세계와 상호작용하면서 현실을 형성하게 돼. 긍정적인 생각과 감정은 높은 주파수를 생성하고, 이는 좋은 결과를 끌어당기는 데 도움이 된다네.

알렉스: 그럼 실제로 긍정적인 변화를 만들려면 어떻게 해야 하나요?

조나단: 우선, 자신의 생각과 감정을 의식적으로 관찰하고 조절해야 해. 자신이 원하는 목표나 바람에

집중하면서 그것들이 실현될 수 있도록 주파수를 맞추는 거야. 이 과정에서 자기 암시나 긍정적인 자기 대화 같은 기술들이 매우 유용하게 사용될 수 있어.

알렉스: 흥미롭군요. 그렇다면 우리의 주파수가 실제로 주변 환경에 어떤 영향을 미칠 수 있는지 이해하는 것이 중요하겠네요.

조나단: 그렇다네. 우리가 발산하는 에너지는 우리를 둘러싼 세계를 형성하고, 실제로 우리의 생활 방식과 인간관계에 영향을 미치게 돼. 모든 것은 연결되어 있으니까, 우리의 내적인 상태가 외적인 현실을 만드는 데 중요한 역할을 한다는 걸 잊지 말아야 한다네.

타인과의 에너지 교류

조나단: 알렉스, 인간관계에서 에너지 교환이 어떻게 이루어지는지에 대해 이야기해 보자고. 타인과의 관계에서 우리는 서로에게 영향을 주고받는다네. 이를 에너지 교환이라고 볼 수 있지.

알렉스: 네, 조나단 님. 다른 사람과 대화할 때 그 사람의 기분이나 태도가 저에게 영향을 미쳐요.

조나단: 그렇지! 자네가 긍정적인 태도로 사람들에게 접근하면, 그들도 자네에게 긍정적으로 반응할 가능성이 높아지거든. 그것이 상호작용하는 것이지.

알렉스: 그런데 상대방이 부정적인 태도를 보이면 어떻게 대응하는 게 좋을까요?

조나단: 그건 정말 중요한 부분이야. 상대의 부정적

인 에너지에 휘둘리지 않으려면, 우선 자네 감정을 잘 인식하고 조절해야 하네. 여기서 마음챙김이 큰 도움이 될 거야. 자기 감정을 명확히 알고, 상대방의 부정적인 에너지에 휩쓸리지 않도록 의식적으로 거리를 두는 것이지.

알렉스: 알겠습니다. 그렇다면 긍정적인 에너지를 유지하면서 다른 사람과 교류하는 방법은 무엇일까요?

조나단: 긍정적인 에너지를 유지하는 하나의 방법은 감사의 마음을 기르는 거야. 일상에서 작은 것들에 대해 감사하는 연습을 하면, 자연스럽게 긍정적인 에너지가 생긴다네. 또 자신을 긍정적으로 표현하려 노력하고, 상대의 좋은 점을 찾아 칭찬하는 것도 중요하다네.

알렉스: 와! 그렇게 하면 저도 더 긍정적인 에너지를 가질 수 있겠네요.

조나단: 그렇지. 그리고 감정적으로 도전적인 상황에서는 호흡 명상을 잘 활용해 봐. 깊게 숨을 들이마시고 천천히 내쉬면서 그 순간에 집중해야 하네. 이것이 자네를 진정시키고 정신을 맑게 하는 데 도움이 될 거야.

알렉스: 호흡 명상을 꼭 해 보겠습니다.

조나단: 알렉스, 우리 모두는 가끔 에너지가 떨어지거나 부정적인 감정에 휩싸이곤 해. 하지만 호흡 명상과 같은 기술들을 통해 자기 에너지를 조절하고, 더 건강하고 긍정적인 방향으로 관계를 이끌 수 있다네.

소통의 주파수 조정

조나단: 알렉스, 소통에 대해선 어떻게 생각하나? 소통의 주파수를 조정하는 건, 말 그대로 자네가 어떻게 다른 사람과 의사소통을 하느냐에 따라 주파수가 달라진다는 거야. 자네가 어떻게 다가가느냐에 따라 상대방의 반응도 달라진다네. 자네가 생각하기에 사람들과의 관계에서 소통의 어려움을 겪는 주된 원인이 뭐라고 생각하나?

알렉스: 네, 조나단 님. 제가 느끼기에 때때로 제 말이 상대방에게 제대로 전달되지 않는 것 같습니다. 아마도 제 의도와는 다르게 말이 전달되어서 오해를 사는 경우가 많은 것 같아요.

조나단: 그렇군. 그런 경우는 누구나 겪을 수 있는 일이지. 소통의 기본은 상대방이 어떻게 느낄지를 고려하는 거야. 자네가 말을 할 때, 상대방의 입장에서 한

번 생각해 보는 건 어떠할까? 그들이 어떤 배경을 가지고 있고, 어떤 정보를 필요로 하는지를 고려해야 해.

알렉스: 그렇게 하려면 어떤 실제적인 방법을 사용할 수 있을까요?

조나단: 좋은 질문이야. 허허, 첫 번째로, 대화를 시작할 때는 간단한 인사나 작은 대화로 분위기를 편안하게 해 보는 거지. 스몰토크라고도 하지. 그리고 중요한 건, 질문을 통해 상대방의 의견을 적극적으로 물어보는 거야. 이렇게 하면 상대방이 더 열린 자세로 자네와의 대화에 참여하게 될 거야.

알렉스: 그런 방법이 있다면 상대방과 더 긴밀하게 소통할 수 있겠네요. 그리고 저는 가끔 제가 너무 많은 정보를 한 번에 주려고 하는 경향이 있어요.

조나단: 그 부분도 중요해. 정보를 너무 많이 주면 상대방이 혼란스러워할 수 있어. 정보를 단계적으로 나

눠서 설명하고, 각 포인트에서 상대방의 이해를 확인하는 거야. 이렇게 하면 자네와 상대방 사이에 더 명확한 소통이 이루어질 거야. 또 어떤 정보를 제공하는 이유를 설명해 주면, 상대방이 그 정보의 중요성을 인식하고 받아들일 가능성이 더 높아진다네.

알렉스: 네, 그렇게 해 볼게요. 그리고 상대방의 반응을 잘 관찰해서 그들의 피드백에 맞춰 저도 조정해 보겠습니다.

조나단: 바로 그거야, 알렉스. 상대방의 언어적, 비언어적 반응을 잘 관찰하는 것도 소통의 중요한 부분이니. 예를 들어, 상대방이 불편해 보이면 자네는 자네의 접근 방식을 조금 바꿔볼 수 있지. 이런 세심한 관찰이 효과적인 소통을 위해 매우 중요하다네.

알렉스: 네, 말씀해 주신 대로 상대방의 반응을 더 주의 깊게 관찰하고, 그에 맞게 제 방식도 유연하게 조정하도록 하겠습니다.

제4장

영혼의 주파수

직감의 깨달음

조나단: 알렉스, 자네는 일상에서 경험하는 육감이나 직감에 대해서 이야기해 본 적이 있는가? 많은 사람들이 이를 단순한 느낌으로 치부하지만, 실제로는 우리의 더 깊은 인식과 관련이 있다네.

알렉스: 네, 조나단 님. 사실 저도 직감이란 것이 실제로 어떻게 작동하는지, 그리고 우리의 결정에 어떤 영

향을 주는지 궁금했습니다. 그런데 육감이나 직감이 주파수와 어떤 연결이 있나요?

조나단: 음, 그건 육감이나 직감은 사실 우리가 표면적으로 인지하지 못하는 정보들을 감지할 때 발생한다네. 이런 정보들은 종종 주변 환경의 미묘한 에너지 변화에서 오는데, 이를 우리가 '주파수'라고 부르지. 예를 들어, 누군가를 만났을 때 바로 편안함을 느끼거나 경계감을 느끼는 것도 이런 직감의 일종이야.

알렉스: 그렇군요. 저도 가끔은 설명할 수 없는 느낌으로 사람이나 상황에 대해 판단하게 되는 경우가 있어요. 그러면 그 직감을 어떻게 키울 수 있을까요?

조나단: 직감을 발달시키는 방법 중 하나는 자신의 경험에 더 깊이 주목하는 거야. 일상에서 느끼는 감정이나 생각에 조금 더 집중해 보고, 왜 그런 느낌을 받았는지 스스로에게 물어보는 거지. 이런 자기와의 대화에서 자네가 미묘한 신호를 더 잘 감지하도록 도

와줄 거야.

알렉스: 자기와의 대화를 통해서 내 직감을 더 잘 이해하고 활용할 수 있게 되는 거군요. 그런데 주변 환경과 어떻게 조화를 이루면 좋을까요?

조나단: 첫째로 주변 환경과 조화를 이루는 것은 직감을 발달시키는 데 매우 중요하다네. 예를 들어, 자연에서 더 많은 시간을 보내거나, 주변 사람들과의 긍정적인 관계를 유지하는 것도 중요하지. 이런 환경은 자네가 더 많은 긍정적인 에너지를 받아들이고, 그 결과로 직감이 더욱 발달할 수 있어.

둘째로는 책이라네, 삶은 선택의 연속이라네, 독서를 통해 우리는 간접적인 경험을 내면의 지식으로 쌓을 수 있기 때문이라네. 책을 읽으면서 다양한 상황, 인물, 문제에 대한 접근 방식을 배우고, 그로 인해 우리의 직감력과 선택력이 향상된다네. 이러한 경험은 실제 삶의 상황에서 더 나은 결정을 내리는 데 도움을 주고, 복잡한 문제에 직면했을 때 보다 명확하고 현명한 선택을 할 수 있게 된다네.

셋째로는 운동이라네, 운동은 스트레스를 줄여 마음을 진정시키고, 이를 통해 내면의 목소리에 더 집중할 수 있게 해 주고, 정신적 명료성을 증진시켜, 더 나은 결정을 내리는 데 도움을 준다네. 그리고 체내 에너지 흐름을 개선하여, 정신적, 신체적 건강을 도모하고, 이는 직감을 강화시키는 데 기여하지. 결국, 규칙적인 운동은 몸과 마음의 균형을 맞추고, 우리가 일상에서 더 날카로운 직감을 가질 수 있도록 도와준다네."

알렉스: 그렇다면, 제 삶에서 직감을 더 활용하려면 일상에서 자연과 시간을 보내고 더 많은 긍정적인 경험을 하는 것 그리고 독서와 운동이 중요하겠군요. 이런 방식으로 삶의 질도 향상될 수 있을 것 같습니다.

조나단: 맞아, 알렉스. 직감은 단순히 결정을 내리는 것 이상의 영향을 줄 수 있어. 너의 직감을 통해 더

나은 인간 관계를 구축하고, 삶의 중요한 결정들을 내릴 때 더 확신을 가질 수 있게 되지. 그렇게 되면 자연스럽게 삶의 질이 향상되고, 더 많은 만족과 행복을 느낄 수 있을 거야.

내적 평화와 진정한 힘

조나단: 알렉스, 직감에 대해서는 이해를 했나? 그럼 이제 내적 평화를 찾는 것에 대해 이야기해 보는 건 어떻겠나? 허허. 많은 사람들이 삶에서 진정한 평화를 찾기 위해 고군분투하고 있다네. 자네는 내적 평화가 무엇이라고 생각하나?

알렉스: 네, 조나단 님. 저는 내적 평화가 마음의 안정을 찾고, 일상의 스트레스에서 벗어나 균형 잡힌 삶

을 유지하는 상태라고 생각해요. 하지만 이 상태를 유지하기가 쉽지 않다는 것을 느끼고 있습니다.

조나단: 그렇지. 내적 평화는 실제로 자신의 내면과 조화를 이루는 것과 관련이 있어. 이런 조화는 우리의 주파수, 즉 에너지의 진동과도 깊이 연결되지. 자네는 생각이나 감정이 어떻게 자네의 에너지 주파수에 영향을 미치는지 생각해 본 적이 있을까?

알렉스: 사실 그런 관점에서 생각해 본 적은 많지 않습니다. 주파수가 구체적으로 어떤 역할을 하는지 알려 주세요?

조나단: 물론이지. 우리의 주파수란 우리가 방출하는 에너지의 진동률을 말해. 각각의 생각, 감정, 심지어 우리의 신체적 상태까지도 특정한 진동을 생성하고, 이 진동이 우리가 경험하는 현실에 영향을 미치지. 예를 들어, 긍정적인 감정은 높은 진동을 생성하며, 이는 더 많은 긍정적 상황을 불러 드릴 수 있어.

알렉스: 그렇다면, 내적 평화를 느끼려면 제 주파수를 높여야 한다는 말씀이신가요?

조나단: 맞네, 정확히 그것이네. 내적 평화를 향한 첫 걸음은 자신의 주파수를 의식적으로 관리하는 것이야. 이를 위해 자네는 스트레스를 관리하고, 입으로 소리 내어 반복해서 말하거나, 노래를 부르거나, 통성기도를 하거나, 빠르게 손뼉을 치는 등의 여러 방법을 사용할 수 있어. 또 내적 평화를 위해서는 명상 과 자기 성찰과 감사 일기 쓰기를 빼놓은 수 없지.

알렉스: 그런 활동들이 주파수를 어떻게 높일 수 있나요?

조나단: 이런 활동들은 에너지의 흐름을 활성화하고, 자네 내면에 긍정적인 에너지를 불어 넣는다네. 예를 들어, 큰소리로 확언을 하거나 노래를 부르고 손뼉을 치는 것은 신체적으로도 에너지를 발산하게 하고, 이것이 긍정적인 감정과 생각을 촉진시킨다네. 결과적

으로 이것은 자네의 주파수를 높이고, 더 많은 긍정적인 경험을 유치하는 데 도움이 되지. 또한, 콧노래를 흥얼거리거나 자신의 감정을 자신이 존중하는 것도 긍정의 주파수를 끌어당기는 노하우라네.

알렉스: 그런 방법으로 주파수를 조절하면, 실제로 삶에서 변화를 경험할 수 있을까요?

조나단: 그럼, 실제로 많은 변화를 경험할 수 있어. 자네의 긍정 주파수가 높아지면, 자네 자신뿐만 아니라 주변 사람들과의 관계도 개선되며, 더 많은 기회와 긍정적인 상황이 자네에게로 올 거야. 또한, 주변에 다른 사람들에게도 긍정의 주파수를 전염시키지. 그래서 긍정의 에너지를 가진 사람 주위에 사람들이 몰리는 것이야. 또 실제로 많은 사람들이 이런 방법으로 삶의 질을 크게 향상시켰다고 이야기하고 있어.

알렉스: 정말 흥미롭습니다. 그런데 이 모든 과정에서

가장 중요한 것은 무엇이라고 생각하시나요?

조나단: 가장 중요한 것은 일관성이야. 주파수를 높이는 것은 일회성 이벤트가 아니라 지속적인 과정이지. 매일 조금씩 자신의 생각과 감정을 관리하려는 노력을 기울이면, 점차적으로 더 큰 내적 평화와 조화를 경험할 수 있을 거야. 자신의 에너지와 진동을 의식하고 그것을 긍정적으로 유지하는 것이 중요하다네.

협동과 나눔의 실천

조나단: 알렉스, 협동이 개인과 공동체에 어떤 긍정적인 변화를 불러오는지에 대해 이야기해 보면 좋겠네. 자네가 협동에 대해 경험한 사례가 있다면 그 이

야기를 통해 협동의 중요성을 더 깊이 이해할 수 있을 것 같아. 이야기해 줄 수 있겠나?

알렉스: 네, 조나단 님. 저는 지역 공동체에서 여러 프로젝트에 참여해 봤는데, 협동의 가치를 몸소 느낄 수 있었습니다. 하지만 조나단 님의 말씀하시려는 것은 구체적으로 어떤 점을 더 주목해야 할까요?

조나단: 좋은 질문이야. 먼저, 협동은 각자의 강점을 최대한 활용할 수 있게 해. 예를 들면, 자네가 참여한 행사 조직에서의 경험처럼 각자가 가진 기술과 지식을 모아 큰일을 이루었을 거야. 자네는 이런 경험을 통해 무엇을 배웠나?

알렉스: 네, 저는 그 경험을 통해 팀워크의 힘이 얼마나 큰지 깨달았습니다. 우리 모두가 서로의 능력을 신뢰하고 협력했을 때 예상보다 훨씬 더 큰 성과를 낼 수 있었습니다.

조나단: 맞네. 이것이 바로 협동의 진정한 가치야. 그리고 나눔은 단순히 물질이나 재화을 주고받는 것 이상의 의미가 있어. 자네는 나눔을 어떻게 이해하고 있나?

알렉스: 저는 나눔을 통해 다른 사람들과 지식이나 기술을 공유하면서 많은 것을 배울 수 있다고 생각합니다. 하지만 나눔이 개인과 공동체에 미치는 더 깊은 영향에 대해서는 조금 더 배우고 싶어요.

조나단: 나눔은 사회적 연결고리를 강화시키고 서로의 삶을 풍요롭게 만들어. 예를 들어, 자네가 기술 교육에서 지식을 나눌 때, 그것은 단순히 정보의 전달이 아니라 자네의 경험과 지혜를 공유하는 행위야. 이런 행위는 공동체의 발전을 촉진하고, 모두가 서로를 더 잘 이해할 수 있는 기반을 마련해 준다네.

알렉스: 그렇군요, 조나단 님. 나눔을 통해 우리는 서로에게 긍정적인 영향을 미치고, 공동체 전체의 발전

을 도울 수 있겠네요. 저는 앞으로 나눔과 협동을 더 적극적으로 실천하려고 합니다.

조나단: 아주 좋은 생각이네요, 알렉스. 협동과 나눔은 우리 모두가 더 나은 사회를 만들어 가는 데 필수적인 요소야. 자네가 이 두 가치를 실천하면서 더 많은 것을 배우고, 공동체에 기여하는 모습을 기대할 수 있겠군. 허허.

제5장

영혼과 자신의 주파수 조율

조나단: 알렉스, 우리는 각자의 주파수를 어떻게 인식하고 조절할 수 있는지에 대해 이야기하려고 하는데. 우선, 자네 자신의 생각과 감정을 얼마나 잘 인식하고 있는지부터 시작해 보는 게 어떨까?

알렉스: 네, 조나단 님. 저는 종종 제 감정이나 생각이 저를 지배한다고 느껴요. 제 감정의 주파수를 어떻게 조절할 수 있는지 배우고 싶습니다.

조나단: 그것은 매우 중요한 첫걸음이라네. 자신의 감정과 생각을 인식하는 것은 자기 자신의 주파수를 통

제하기 위한 기본적인 능력이지. 감정과 생각은 우리의 에너지 필드에 직접적으로 영향을 미치며, 이는 우리가 어떻게 세계와 상호작용하는지를 결정하지. 또한, 영혼의 주파수를 조율하는 것은 우리의 내면과 우주의 에너지와 조화를 이루기 위한 과정이야. 이 과정은 마치 고대의 철학과 현대의 과학이 만나는 지점과도 같고, 그리고 우리는 그런 주파수를 인식해야 한다네.

알렉스: 네, 주파수를 인식한다는 것이 정확히 무엇을 의미하나요?

조나단: 알렉스, 자네의 감정과 생각, 심지어 자네의 몸 상태까지도 모두 특정한 에너지 주파수를 발산한다네. 이 주파수들은 서로 다른 레벨에서 우리의 삶에 영향을 미치고 있어. 예를 들어, 긍정적인 생각과 감정은 높은 주파수를 발산하여 우리를 더 행복하고 활기차게 만든다네. 반면, 부정적인 생각과 감정은 낮은 주파수를 발산하여 우리를 무기력하게 만들 수 있

지. 낮은 주파수의 상태에 빠지면, 우울감이 생기고 부정적인 사건들이 더 자주 발생하게 되며, 심지어 우리 몸에도 병이 생길 수 있어. 자네가 어떻게 생각하고 느끼며 살아가는지가, 결국 자네의 건강과 행복에 결정적인 영향을 미치게 된다네. 그렇기에 자기 주파수 조절하기 힘써야 한다네.

알렉스: 그렇다면, 저는 어떻게 제 주파수를 조절할 수 있을까요?

조나단: 우선, 자네의 생각을 관찰하는 것부터 시작해. 생각을 명확히 관찰하고 자네 자신과의 대화를 통해 자네의 감정에 어떤 영향을 미치는지를 이해해야 한다네. 이것은 마음챙김이라는 실천을 통해 이루어지고. 또한, 규칙적인 명상은 자네의 내면의 소리에 귀 기울이고, 자네의 에너지를 더 높은 주파수로 조절하는 데 도움을 줄 수 있다네.

알렉스: 명상이 정말 그렇게 효과적인가요?

조나단: 그렇다네, 명상은 단순히 마음을 편안하게 하는 것 이상의 효과를 가져다 준다네. 그것은 우리의 내면 깊숙한 곳과 연결되는 방법을 알려 주며, 우리 자신의 주파수를 더욱 깨끗하고 조화롭게 만들어 주고, 또 명상을 통해 우리는 일상생활에서 느끼는 스트레스의 주파수를 낮출 수 있고, 긍정적인 에너지로 그 공간을 채울 수 있다네.

알렉스: 이 모든 정보를 실제 생활에 어떻게 적용할 수 있을까요?

조나단: 매일 명상을 실천하고, 일상에서의 작은 결정들이 어떻게 전체적인 주파수에 영향을 미치는지를 인식하는 것이 중요하다네. 자네가 먹는 음식에서부터 자네가 선택하는 대화에 이르기까지 모든 것이 중요해. 자네의 주파수를 높게 유지하기 위해 긍정적인 환경을 만드는 것도 필수이네.

알렉스: 정말 감사합니다, 조나단 님. 이 대화가 정말

눈을 뜨게 해 주었어요. 제 자신의 주파수를 더 잘 이해하고 조절할 수 있을 것 같아요.

제6장

운명과 주파수

조나단: 알렉스, 자네가 오늘 나를 만나고 나와 시간을 보내겠다고 선택한 것도 우리의 주파수가 맞았기 때문이라고 생각해. 우리가 발산하는 주파수가 어떻게 우리의 운명을 형성하는지에 대해 이야기해 보는 게 좋겠네.

알렉스: 네, 조나단 님. 저는 그런 주파수가 정말로 우리의 운명에 영향을 미친다는 걸 체감하기 어려운데요. 보이지 않는 것들이 실제로 우리 삶에 구체적으로 어떻게 작용하는지 설명해 주실 수 있나요?

조나단: 물론이지. 주파수는 모든 것이 진동한다는 개념에서 출발해. 독일의 양자역학의 기초를 마련한 막스 플랑크가 말했듯이, 세상의 모든 것은 진동하고, 이 진동, 즉 주파수는 우리의 생각, 감정, 행동에서 발생해. 이 주파수는 우주에 우리의 신호로 작용하며, 우리의 현실을 형성하는 데 기여하지.

알렉스: 그렇군요, 그렇다면 우리의 생각과 행동이 실제로 우리의 운명에 어떤 영향을 미치는지 조금 더 구체적으로 설명해 주실 수 있을까요? 또 어떻게 하면 우리의 주파수를 관리하고 개선할 수 있을지 궁금합니다.

조나단: 우리의 주파수는 생각, 감정, 행동으로부터 발생해. 이 주파수는 우주에 지속적으로 신호를 보내며, 이 신호는 우리에게 영향을 미치는 사람들과 사건들을 끌어당기지. 긍정적인 생각과 행동은 긍정적인 결과를 끌어당기는 주파수를 생성하고, 반대로 부정적인 생각과 행동은 부정적인 결과를 초래하지.

알렉스: 아하, 그럼 우리가 어떤 생각을 하고 어떤 행동을 하는지가 매우 중요하다는 말씀이시군요. 그렇다면, 일상에서 우리의 주파수를 좋게 만들기 위해 구체적으로 어떤 노력을 해야 할까요?

조나단: 좋은 질문이야. 일상에서는 자신의 생각과 감정을 지속적으로 관찰하고 조절해야 해. 예를 들어, 부정적인 생각이 들 때마다 이를 인식하고 긍정적인 생각으로 바꾸려고 노력하는 게 중요해. 이렇게 자신의 내적인 주파수를 조절하면 외부 세계와의 상호작용도 점점 긍정적으로 변화할 거야.

알렉스: 네, 그렇게 노력하겠습니다. 그런데 우리가 발산하는 주파수와 우리의 운명 사이의 관계에 대해 좀 더 심도 있게 설명해 주실 수 있나요?

조나단: 기본적으로, 우리가 발산하는 주파수는 우리의 의식 상태를 반영한다네. 긍정적인 주파수를 발산하면, 우주는 이에 반응하여 긍정적인 사건과 기회

를 우리 삶에 보내 주고, 이는 곧 우리의 운명을 좋게 만드는 과정이지. 반면, 부정적인 주파수를 발산하면, 우리는 부정적인 결과를 경험하게 되지. 이것이 바로 우리가 운명을 스스로 형성한다는 개념이라네.

알렉스: 그렇군요. 그러면 우리의 일상 속에서 우리가 할 수 있는 긍정적인 행동은 구체적으로 무엇이 있을까요?

조나단: 자신과 주변 사람들에게 친절을 베푸는 것부터 시작해 볼 수 있지. 이는 매우 강력한 긍정적 주파수를 생성하고, 사람들과의 관계를 강화하며 긍정적인 에너지를 유발해. 또한, 명상, 요가, 혹은 자연과 시간을 보내는 활동을 통해 자신의 내면을 평화롭게 만드는 것도 중요하지. 단지 마음이 착한 사람이 좋은 것이 아니네. 우리는 행동을 착하게 해야 한다네. 이런 활동들은 우리의 주파수를 조정하고 관리하는 데 큰 도움을 준다네.

알렉스: 아, 그렇군요.

조나단: 그럼 우리 명상에 대해서 조금 더 이야기해 볼까? 시간이 괜찮나?

알렉스: 네, 괜찮습니다. 조나단 님!

제7장

명상과 주파수

명상과 주파수의 연결

조나단: 알렉스, 자네는 명상을 시작하기 전과 후를 비교해 본 적이 있나? 명상은 단순히 마음을 진정시키는 것 이상의 효과가 있다네. 실제로 우리의 생체 에너지와 주파수를 조정하는 데 큰 도움이 된다네.

알렉스: 네, 명상을 할 때면 더 집중력이 높아지고 일상의 스트레스에서 벗어날 수 있을 것 같아요. 하지

만 그것이 어떻게 제 에너지 주파수에 영향을 미치는지는 정확히 이해하지 못하고 있습니다.

조나단: 자네의 몸과 마음은 마치 정교한 악기와 같아. 각각의 생각과 감정, 신체적 상태는 특정 주파수를 발산하고, 이러한 주파수들이 조화롭게 조율되어야만 건강과 웰빙을 유지할 수 있지. 명상은 이러한 주파수를 높이고 균형을 맞추는 데 도움을 준다네.

알렉스: 그렇다면, 어떻게 명상을 통해 제 주파수를 조율할 수 있을까요?

조나단: 우선, 규칙적인 명상 습관을 갖는 것이 중요하네. 매일 같은 시간에 명상을 하는 것이 좋아. 이렇게 하면 자네의 몸과 마음이 그 시간에 맞춰 조정되기 시작할 걸세. 명상 중에는 깊은 호흡을 통해 몸을 이완하고, 마음의 소음을 줄여 나가야 해. 이 과정에서 자네의 내면 깊은 곳의 주파수가 서서히 높아지기 시작할 거야.

알렉스: 명상 중에 느끼는 그 평화로움이 주파수 조율과 관련이 있군요. 그럼, 구체적으로 어떤 명상 기법이 주파수 조율에 가장 효과적인가요?

조나단: 각 사람마다 조금씩 다를 수 있지만, 일반적으로 집중 명상이나 마음챙김 명상이 매우 유용하다네. 예를 들어, 촛불을 바라보며 집중하는 명상은 마음을 한 곳에 집중시켜서 내면의 잡음을 줄이고 에너지의 질을 높이는 데 도움을 줄 수 있어. 또한, 자연의 소리에 집중하는 명상도 주변의 자연스러운 진동과 조화를 이루며 자네의 주파수를 높일 수 있지.

알렉스: 명상을 통해 주파수를 높이면 실제로 제 삶에 어떤 변화가 올까요?

조나단: 자네가 더 높은 주파수에 도달하면 자연스럽게 자네의 정신과 몸이 더 건강하고 활력 넘치는 상태가 될 거야. 높은 주파수는 긍정적인 에너지를 끌어들이고, 이는 좋은 기회, 긍정적인 사람들과의

만남, 그리고 전반적인 삶의 질 향상으로 이어질 수 있어.

알렉스: 정말 놀랍군요. 저는 이제 명상이 단순한 휴식 이상의 것임을 이해하게 되었습니다. 명상을 통해 제 자신을 조율하고 삶의 질을 높일 수 있는 방법을 배우게 되어 기쁩니다.

조나단: 알렉스, 자네가 매일 경험하는 스트레스나 자네가 싫어하는 일들을 생각해 보게. 이런 것들이 사실은 우리가 어릴 때나 성장하는 과정에서 겪은 특정한 상황이나 환경에서 비롯된 것들이 쌓여서 생긴 것이란 걸 알고 있나?

알렉스: 그러게요. 그런 상황들이 일어나면 제가 왜 특정 상황에서 짜증이 나거나 화가 나는지 항상 궁금했어요. 명상을 통해 그런 감정의 원인을 찾아볼 수 있을까요?

조나단: 명상은 우리가 내면의 깊은 곳에 숨겨진 감정의 원인들을 탐색하고 이해할 수 있는 훌륭한 도구야. 자네가 특정 상황에서 왜 화가 나거나 짜증이 나는지, 그 근원에 접근하는 데 도움을 줄 수 있지. 명상을 통해 자네의 감정과 반응이 형성된 배경을 차근차근 들여다보게 되면 그 원인을 명확히 이해하고, 필요하다면 그것을 해소하는 방법을 찾을 수 있을 것일세. 그런 감정의 뿌리를 찾아 깊이 들여다볼 수 있는 방법을 제공해 준다네. 그 과정을 통해 자네 스스로가 왜 그런 반응을 보이게 되었는지를 이해하고, 그 원인을 해결하는 방법을 찾을 수 있을 거야.

알렉스: 네.

조나단: 그리고 명상은 단지 과거의 부정적인 경험들만 다루는 게 아니라네. 긍정적인 기억들, 즐겁고 행복했던 순간들을 되살려 보는 것도 매우 중요하다네.

알렉스: 긍정적인 기억들을 명상으로 어떻게 되살릴 수 있죠?

조나단: 명상 중에 자네가 경험했던 좋았던 일들, 자랑스러웠던 일들을 떠올려 보게. 이것은 자네의 에너지 주파수를 높이는 데 큰 도움이 될 거야. 이러한 긍정적인 기억들은 자네가 더 행복하고 만족스러운 삶을 살 수 있도록 돕는 원동력이 된다네.

알렉스: 그럼, 실제로 명상을 통해 이런 긍정적인 기억들을 어떻게 더 잘 떠올릴 수 있나요?

조나단: 명상을 시작하기 전에, 자네가 느꼈던 기쁨이나 성취감을 주었던 특정 사건을 생각해 보게. 그런 사진을 보아도 좋고. 명상을 하는 동안 그 순간으로 돌아가 그 감정들을 다시 느껴 보려고 해 보게. 이 과정에서 자네의 마음과 몸은 그 긍정적인 에너지를 다시 경험하게 되고, 이는 자네의 전반적인 웰빙에 긍정적인 영향을 미칠 걸세.

알렉스: 이해했어요. 명상을 통해 제 자신의 감정을 더 잘 이해하고, 긍정적인 기억들을 통해 에너지를 높일 수 있다는 게 정말 흥미롭네요.

제8장

영성과 주파수

알렉스: 조나단 님, 저는 평소에 영에 대해서 관심이 많았어요. 주파수와 영성에 대해 궁금했는데, 이것도 이야기해 주실 수 있으신가요?

조나단: 요즘 사람들은 과학과 영성을 따로 떼어 놓고 생각하는데, 사실은 꽤 연결되어 있다고 생각한다네. 특히 주파수라는 물리적 현상이 어떻게 영적인 삶에 영향을 미칠 수 있는지 알아보는 것도 중요하겠군요.

알렉스: 네. 그리고 주파수라는 용어는 물리학에서 자주 쓰이지만, 영적 맥락에서 쓰일 때는 의미가 어떻

게 달라지는 건가요?

조나단: 참 좋은 질문이군. 보통 주파수는 시간 단위로 반복되는 사건의 횟수로 정의되지. 그런데 영적인 맥락에서는 주파수가 에너지의 진동과 파동 수준을 말하고, 이건 우리의 의식 상태와 무의식 상태의 밀접하게 연결된다네.

알렉스: 그렇군요. 영적으로 사람들이 자기 진동을 높이려고 노력한다는 말을 많이 들었어요. 이게 더 높은 주파수로 의식을 맞추는 걸 의미하나요?

조나단: 그렇지. 명상을 예로 들어볼까? 명상은 의식 상태를 바꾸는 건데, 이건 뇌파의 주파수를 바꾸는 것과 직접 연결돼. 델타, 세타, 알파, 베타, 감마 뇌파는 각각 다른 의식 상태를 나타내고 영적 경험에 큰 영향을 미친다고 한다네.

알렉스: 그럼 이런 주파수 변화가 영적 성장에 구체적으로 어떤 영향을 미친다고 보시는 건가요?

조나단: 그러하네, 명상을 통해 뇌파를 조절하는 건 의식 확장을 돕고, 더 깊은 자기 인식과 연결감을 경험하는 데 큰 도움이 된다네. 이런 연결고리가 중요한 건, 높은 주파수로의 접근이 영적 능력과 인식을 키울 수 있다고 여겨지기 때문이지.

알렉스: 이론적으로는 매력적이지만 과학적 증거가 있나요? 이런 주장을 뒷받침할 만한 실제 데이터나 연구 결과요?

조나단: 몇몇 연구가 실제로 명상과 같은 심신 기법이 뇌의 구조와 기능을 바꾸는 걸 보여 주고 있다네. 예를 들어, 장기간 명상을 한 사람들은 뇌의 회백질이 늘어나는 걸 볼 수 있는데, 이것도 뇌파 주파수와 관련이 깊어.

알렉스: 그 변화가 개인의 영적 경험과 어떻게 일치하는지 궁금하네요.

조나단: 많은 사람이 명상 중에 높은 주파수의 뇌파 활동을 보이고, 이때 변화된 의식 상태를 경험한다고 말하더라고. 이 상태에서는 강력한 자기 인식, 시간과 공간에 대한 인식의 변화, 심지어는 확장된 우주 의식까지 느끼게 된다고 하네.

알렉스: 아, 이런 이해는 결국 우리가 자신과 우주를 어떻게 인식하고 경험하는지에 대한 더 깊은 통찰을 제공하는 거네요. 주파수와 영성을 연결 짓는 이해는 물리적이고 영적인 현상을 통합하는 새로운 방법을 열어 주는 것이군요.

조나단: 이 모든 것의 비밀은 감사함에 있다네.

알렉스: 감사요??

조나단: 그렇다네. 내가 그것에 대해서도 곧 말해 주겠네….

제9장

음양과 주파수

조나단: 감사에 관해 나누기 전에, 먼저 음양에 대해서 이야기해 보는 건 어떤가? 음양은 모든 것의 균형을 의미한다네. 우리가 일상에서 마주하는 모든 상황, 에너지, 심지어 우리의 생각과 감정까지도 한쪽으로 치우치지 않고 균형을 이루려는 자연의 법칙이야.

알렉스: 그렇다면 주파수는 어떻게 음양의 원리와 연결될 수 있을까요?

조나단: 주파수는 에너지의 진동을 의미해. 모든 진동에는 상승하는 부분(양)과 하강하는 부분(음)이 있

지. 이 두 부분의 균형이 잘 맞을 때, 우리는 그 에너지를 효과적으로 사용할 수 있다네.

알렉스: 그럼, 명상이나 기타 영적인 수행을 할 때 우리는 어떻게 이 음양의 원리를 사용해서 주파수를 조율할 수 있나요?

조나단: 명상을 할 때 우리는 마음을 진정시키고 내면의 소음을 줄여. 이 과정에서 뇌파가 느린 주파수로 이동하고, 이는 더 깊은 평화와 조화를 경험하게 해. 이것이 음양의 균형을 맞추는 것과 비슷하다고 볼 수 있어. 마음의 활동(양)을 줄이고, 평화와 고요(음)를 높이는 거지.

알렉스: 아, 그러니까 명상이나 요가 같은 수행은 실제로 우리의 뇌파 주파수를 조절하여 음과 양의 균형을 맞추는 효과가 있다는 거군요.

조나단: 맞네. 그리고 이런 활동을 통해 우리는 물리

적, 정신적, 영적 건강을 모두 향상시킬 수 있지. 또 주파수의 조절이 우리 몸과 마음에 미치는 영향은 매우 크다는 것이지.

알렉스: 그렇다면 이러한 주파수 조절이 구체적으로 어떤 혜택을 가져다줄 수 있는지 예를 들어 설명해 주실 수 있나요?

조나단: 물론이지. 예를 들어, 세타 뇌파 주파수는 깊은 명상, 창의력, 통찰력과 관련이 있어. 이 주파수에서 우리는 자기 치유력을 강화하고, 스트레스를 줄이며, 전반적인 심리적 안정감을 얻을 수 있다네. 이것은 모두 음양의 균형을 통해 이루어지는 거야.

알렉스: 그런 혜택을 얻기 위해 우리는 어떤 실제적인 방법을 사용할 수 있나요?

조나단: 명상 외에도 우리는 의식적으로 호흡을 조절하여 우리의 주파수를 조율할 수 있어. 깊고 천천히

숨을 쉬는 것은 우리 몸을 이완시키고, 스트레스 호르몬을 줄이며, 더 높은 에너지 주파수로 전환하는 데 도움을 준다네.

알렉스: 그 말씀을 듣고 보니, 주파수와 음양의 관계가 실제로 우리의 일상생활에도 큰 영향을 미칠 수 있다는 생각이 듭니다.

조나단: 그렇지. 우리가 일상에서 느끼는 감정의 균형, 생각의 명료함, 심지어 우리의 건강까지도 모두 이러한 원리에 의해 영향을 받는 거야. 그래서 음양과 주파수의 조화는 단순한 개념이 아니라, 생활 방식으로 받아들여야 해.

알렉스: 선생님, 오늘 말씀해 주신 내용은 정말 눈을 뜨게 하는군요. 주파수와 음양의 조화를 통해 더 나은 삶을 추구하는 방법을 배울 수 있어서 감사합니다.

제10장

감사와 주파수

알렉스: 조나단 님, 오늘 이렇게 조나단 님을 만난 것에 정말 감사드립니다. 주파수와 감사에 대한 연결고리에 대해서도 엄청 궁금해지는데. 이 두 주제가 어떻게 서로 연결될 수 있는지 정말 궁금합니다.

조나단: 그런가? 알렉스. 우리가 감사의 감정을 느낄 때, 우리는 자연스럽게 높은 주파수의 진동을 발산하게 되지. 이런 고주파수의 진동은 긍정적인 감정과 생각을 촉진시키며, 우리를 둘러싼 환경에도 좋은 영향을 미칠 수 있어. 감사의 감정이 클수록 우리 주변 환경에 더 큰 긍정적 변화를 가져올 수 있지.

알렉스: 선생님의 말씀은 정말 흥미롭습니다. 그렇다면 일상에서 어떻게 감사의 주파수를 증진시킬 수 있을까요?

조나단: 우선 감사 일기를 작성하는 것부터 시작할 수 있다네. 매일 자기 전에 그날 있었던 좋은 일들을 적어 보는 거야. 이 과정을 통해 우리는 자연스럽게 긍정적인 사건들에 초점을 맞추게 되고, 그로 인해 발산되는 주파수가 더 높아지지.

알렉스: 감사 일기가 실제로 그런 효과가 있다는 건 과학적으로도 입증된 건가요?

조나단: 맞아, 여러 연구에서 감사 일기가 스트레스를 줄이고, 전반적인 행복감을 증진시킨다는 결과를 보여 주고 있어. 이런 행동은 우리의 뇌파를 변화시켜 더 긍정적인 주파수로 조율할 수 있게 해. 감사를 느끼고 그것을 표현할 때 우리는 더 건강하고 활기찬 생활을 할 수 있는 에너지를 얻게 된다네.

알렉스: 그렇다면, 실제로 감사의 주파수를 통해 우리의 일상생활에 긍정적인 변화를 만들어 낼 수 있다는 건데, 그런 효과를 경험하려면 어떤 다른 활동들을 할 수 있을까요?

조나단: 명상도 매우 효과적이야. 특히 감사 명상은 우리가 감사해야 할 사람들이나 사건들을 떠올리면서 진행하는 건데, 이 과정에서 우리는 내면의 평화와 조화를 느끼게 돼. 이런 식으로 의식적으로 긍정적인 주파수에 집중하면, 우리의 일상이 더욱 부드럽고 조화롭게 변화하기 시작한다네.

알렉스: 조나단 님, 감사 일기와 감사 명상 말고 또 다른 감사의 방법으로 주파수를 높일 수 있는 법이 있을까요?

조나단: 물론이지. 알렉스. 감사의 주파수를 높이는 방법은 다양해. 감사 일기와 명상 외에도 일상 속에서 간단한 습관을 통해 감사의 감정을 키울 수 있다네.

첫 번째로, 감사의 순간을 나누는 것이야. 가족이나 친구들과 함께 매일 또는 일주일에 한 번씩 모여서 각자 감사한 일들을 나누는 거지. 이런 공유는 서로의 긍정적인 경험을 강화하고 공동체 전체의 에너지를 높이는 데 도움이 된다네.

두 번째로는 자원봉사나 기부 같은 행위야. 다른 사람들을 돕는 일은 우리에게 큰 만족감과 보람을 줄 뿐만 아니라 우리의 감사의 주파수를 높이는 강력한 방법이지. 이런 활동은 우리가 받은 것에 대해 감사함을 느끼게 하고, 더 많은 긍정적인 에너지를 우리 삶에 가져다준다네.

세 번째로, 자연과의 교감을 추천하고 싶어. 자연 속에서 시간을 보내면 우리는 우리를 둘러싼 세상의 아름다움과 기적에 대해 더 깊이 감사하게 돼. 숲에서 산책을 하거나, 해변을 거닐거나, 심지어는 지역 공원에서 조용히 앉아 있기만 해도 우리는 자연의 선물에 대한 감사를 느낄 수 있다네.

맞아, 그리고 마지막으로 하나 더 추가할 수 있어.

하루 동안 마주치는 사람들, 예를 들어 100명에게 마음속으로 '당신을 축복합니다. 당신에게 감사합니다.' 라고 외치는 거야. 이 작은 실천은 자네의 내면에 긍정적인 감정의 파동을 일으키고, 동시에 그 에너지가 외부로도 발산되어 상대방에게도 긍정적인 영향을 미칠 수 있다네.

이런 식으로 마음속에서 긍정적인 메시지를 보내는 행위는 사소해 보일 수 있지만, 실제로는 우리 자신과 주변 사람들에게 큰 변화를 가져다줄 수 있는 강력한 도구야. 자네가 보내는 좋은 에너지는 결국 자네에게도 돌아오고, 이것이 모두를 더 긍정적이고 행복한 상태로 만드는 거지.

알렉스: 조나단 님, 감사와 주파수의 연결고리를 통해 우리가 어떻게 더 풍요로운 삶을 살 수 있는지에 대해 이해하는 데 많은 도움이 됩니다. 이런 지식을 바탕으로 실천에 옮기는 것이 중요하겠네요.

조나단: 그렇지. 알렉스. 감사는 단순한 감정이 아니

라, 우리가 세상을 경험하는 방식을 변화시킬 수 있는 강력한 도구야. 이걸 일상에 적용하면서, 자네가 느끼는 순간순간이 얼마나 소중한지 깨닫게 될 거야.

제11장

돈과 주파수

조나단: 알렉스, 돈을 단순히 교환의 수단으로만 보지 않는 것이 중요해. 돈에는 에너지가 있으며, 그 에너지는 우리가 생각하고 행동하는 방식에 따라 크게 영향을 받지. 예를 들어, 우리가 돈을 긍정적으로 사용하면, 그것은 긍정적인 방식으로 우리에게 돌아와.

알렉스: 그게 정말로 가능한 일인가요, 조나단 님? 돈이 단순히 물질적인 것이 아니라 에너지의 형태라는 개념이 조금은 추상적으로 느껴집니다."

조나단: 그렇게 느낄 수 있네, 하지만 모든 것은 에

너지로 이루어져 있다네. 돈도 예외는 아니야. 자네가 돈을 저축하거나 투자할 때, 실제로는 그 돈의 에너지를 관리하는 거야. 이것이 바로 왜 돈을 어떻게 다루느냐가 중요한 이유지. 돈의 흐름을 이해하고 올바르게 관리하면, 더 큰 재정적 성공으로 이어질 수 있어.

알렉스: 그렇다면 돈의 흐름을 어떻게 관리할 수 있나요? 구체적인 예를 들어 주실 수 있나요?

조나단: 물론이지. 가장 기본적인 것부터 생각해 보지. 예를 들어, 자네가 돈을 벌 때, 그 돈을 어디에 사용할지 결정해야 해. 돈을 긍정적인 목적, 예를 들어 교육이나 건강, 장기적인 투자에 사용한다면 그 돈은 자네에게 더 큰 가치를 생성할 거야. 반면에 돈을 순간적인 쾌락이나 무분별한 소비에 사용하면 그 에너지는 금방 소진되고 말지. 또한, 돈의 파동과 진동을 이해하는 것은, 마치 음악에서 조화를 이루는 것과 같다네. 각각의 주파수가 어떻게 울려 퍼지느냐에 따

라 전체 음악의 질이 달라지듯이, 돈을 어떻게 사용하고 투자하느냐에 따라 그 결과가 크게 달라지지.

알렉스: 아, 이제 조금 이해가 되기 시작했습니다. 그렇다면 돈을 어떻게 지출하느냐가 결국 그 돈이 어떤 에너지를 가지게 되는지 결정한다는 건가요?

조나단: 맞아, 정확하네. 그리고 중요한 것은, 돈을 통해 경험하는 모든 일이 결국 자네 자신과 자네가 느끼는 감정에 영향을 미친다는 거야. 돈을 통해 긍정적인 감정과 경험을 만들어 내면, 그것이 더 많은 긍정적인 에너지를 유도하고, 결국 더 많은 돈을 끌어당기는 결과를 가져오지.

알렉스: 그러니까 결국 모든 것이 상호 연결되어 있다는 말씀이시군요. 우리의 재정적 결정이 단순히 돈을 어떻게 쓰고 저축하는지를 넘어서, 우리의 삶의 질과 행복에 깊은 영향을 미친다는 것을 이해했습니다.

조나단: 정확하게 이해했네, 알렉스. 돈은 우리의 삶에서 중요한 역할을 하지만, 그것을 어떻게 다루고 반응하는지가 더 중요해. 돈을 관리하고 투자하는 방식은 단순히 재정적 결과물을 넘어서 우리의 생각과 의식 상태를 반영한다네. 돈에 대한 우리의 생각과 태도가 그 돈의 에너지 진동을 설정하고, 그것이 우리의 현실에 어떻게 나타나는지 결정하게 되지. 이제 자네가 돈과 관련된 모든 결정을 내릴 때, 그것이 단지 경제적인 영향뿐만 아니라 자네의 전반적인 에너지와 삶의 질에 어떤 영향을 미칠지 고려하길 바라네. 이것이 바로 우리가 에너지와 주파수에 대한 깊은 이해를 통해 더 나은 결정을 내릴 수 있는 이유라네.

제12장

시간과 주파수

일렉스: 조나단 님, 시간과 주파수에 대해서도 더 깊이 알고 싶습니다. 이 두 개념은 서로 어떻게 연결되어 있나요?

조나단: 좋은 질문이야. 알렉스. 주파수는 단위 시간당 반복되는 사건의 수를 나타내며, 헤르츠(Hz)로 측정되지. 소리, 빛, 전자기파 등 다양한 파동 현상에서 주파수는 중요한 역할을 하고, 주파수는 시간의 역수라고 할 수 있어. 주기가 짧으면 주파수가 높아지고, 주기가 길면 주파수가 낮아지는 거지.

알렉스: 그렇군요. 그러면 시간과 주파수의 관계가 일상생활이나 과학적 발견에서 어떻게 적용될 수 있을까요?

조나단: 예를 들어, 음악에서 주파수는 음의 높낮이를 결정하고, 또한 무선통신에서는 주파수를 사용해 신호를 전송해. 그리고 의료 분야에서는 초음파를 이용해 내부 장기를 검사하거나 치료하기도 한다네. 주파수와 시간의 관계를 이해하면 다양한 기술 발전에 기여할 수 있을 것이야.

알렉스: 주파수와 시간이 이렇게 다양한 분야에서 활용된다는 것이 흥미롭네요. 주파수가 특히 중요한 분야는 어디인가요?

조나단: 음향과 통신 분야에서 주파수는 매우 중요하지. 예를 들어, 라디오 방송은 주파수를 이용해 신호를 송출하고 수신하고, 각 방송국은 특정 주파수를 할당받아 해당 주파수에서만 방송을 송출해. 그

리고 현대의 모바일 통신 시스템도 다양한 주파수 대역을 사용해 데이터를 주고받고 있지.

알렉스: 주파수가 사람의 감정이나 행동에도 영향을 미친다고 들었습니다. 이 부분에 대해서도 설명해 주실 수 있나요?

조나단: 물론이지. 바이노럴 비트 같은 경우가 좋은 예지. 이는 두 개의 약간 다른 주파수의 톤을 각각의 귀에 들려 주면 뇌가 이를 인지하여 특정 주파수의 차이를 경험하게 되는데, 이는 뇌파를 조절하여 다양한 감정 상태를 유도하는 데 사용된다네. 델타파는 깊은 수면과 이완을, 세타파는 깊은 명상과 창의성을, 알파파는 이완과 명료한 정신 상태를, 베타파는 각성과 집중력을 증가시킨다네. 좀 어렵지? 내가 추후에 설명하겠네 자세히.

알렉스: 정말 흥미롭습니다. 주파수와 시간의 개념이 이렇게 깊이 연결되어 있다는 것을 배우게 되어 기쁩니다. 더 많은 예시를 들어 주실 수 있을까요?

조나단: 물론이지. 자연에서도 주파수는 중요한 역할을 하지. 예를 들어, 새들이 지저귀는 소리, 물결이 해변에 부딪치는 소리, 바람이 나무 사이를 지나가는 소리 등 모두 특정 주파수를 가지고 있다네. 이러한 자연의 소리들은 우리의 감정과 심리 상태에 긍정적인 영향을 미칠 수 있지. 그래서 내가 자연과 친하게 지내라는 거라네.

알렉스: 주파수가 자연의 소리에도 깊이 관여하고 있군요. 그렇다면, 이런 자연의 소리를 활용해서 우리의 삶을 더 풍요롭게 할 수 있는 방법도 있을까요?

조나단: 물론이지. 자연의 소리를 이용한 명상이나 힐링 음악이 있고, 이러한 소리는 우리의 뇌파를 안정시키고, 스트레스를 줄이며, 전반적인 웰빙을 촉진할 수 있지. 자연의 주파수와 인간의 생체 주파수가 조화를 이루면, 심리적 안정과 건강 증진에 큰 도움이 된다네. 허허!

제13장

주파수를 통한 성장과 변화

카페는 서서히 저녁노을의 포근한 품에 안기기 시작했다. 붉은빛이 창가에 부드럽게 스며들면서 커피의 향기와 어우러져 가을의 저녁을 더욱 짙게 물들였다. 창밖으로는 노을이 하늘 전체를 물들이며 일상의 소음조차 잠시 멈추는 듯하다. 카페 안의 조명도 이제는 노을빛에 몸을 맡기듯 따스하고 부드러운 빛을 발하며, 이곳에 머물러 있는 모든 이에게 평화로운 저녁의 여유를 선사한다. 이 시간, 이 공간 전체가 하루의 끝을 고요히 그리고 아름답게 장식하는 듯했다.

조나단과 알렉스의 대화는 알렉스가 자신의 목표에 집중하고, 삶의 변화를 긍정적으로 받아들이며,

자신의 주파수를 조정하는 방법을 배울 수 있도록 도와준다. 이러한 깊은 이해와 실천은 당신이 자신의 삶을 더욱 풍요롭고 의미 있게 만드는 데 기여할 것이다.

알렉스: 조나단 님, 목표 설정과 주파수 조정에 대해 더 자세히 알고 싶습니다. 목표를 설정하면서 주파수를 어떻게 조정해야 하는지, 그리고 변화를 어떻게 수용하는지 궁금합니다.

조나단: 음, 알렉스. 목표를 설정할 때 주파수의 조정은 매우 중요하다네. 목표를 세울 때 높은 주파수 상태에서 목표를 설정하는 것이 좋다네. 이는 긍정적인 에너지와 기대감을 목표 설정 과정에 통합시켜 그 목표에 도달할 가능성을 높여 주지.

알렉스: 그럼, 주파수를 높은 상태로 유지하려면 어떻게 해야 하나요?

조나단: 일상에서 긍정적인 사고를 유지하는 것이 기본이야. 예를 들어, 매일 아침 일어나서 스트레칭을 하고 글을 적고 긍정적인 명상을 하거나, 자신이 이루고 싶은 목표를 시각화하는 것이 큰 도움이 돼. 이런 활동은 너의 뇌파를 알파 상태로 만들어 더 창의적이고 수용적인 마인드셋을 형성하는 데 도움을 준다네.

알렉스: 목표에 도달하는 과정에서 변화를 수용하는 주파수는 어떻게 조정할 수 있나요?

조나단: 변화를 수용하는 것은 유연성을 요구한다네. 이를 위해 자네는 주기적으로 자신의 감정과 반응을 관찰해야 하네. 변화가 발생했을 때 스트레스나 두려움의 감정이 생기면, 그 감정을 인정하고 긍정적으로 재해석하는 연습을 해야 하네. 예를 들어, 변화를 기회로 보고, 그로 인해 새로운 능력을 개발할 수 있다고 생각하는 거지.

알렉스: 주파수 조정의 구체적 방법에는 무엇이 있을까요?

조나단: 주파수 조정을 위해 여러 기법이 있다네. 우선, 명상과 호흡 기법이 기본이야. 매일 정해진 시간에 명상을 실천하여 마음을 진정시키고, 깊은 호흡을 통해 몸과 마음을 이완시켜. 이 외에도 긍정적인 자기 대화를 통해 스스로를 격려하고, 감사 일기를 작성하여 매일 자신이 감사한 것을 상기시키는 것도 주파수를 높이는 데 큰 도움이 되지.

알렉스: 이런 실천을 통해 어떤 변화를 기대할 수 있나요?

조나단: 이런 실천을 통해 자네는 더 긍정적이고 생산적인 상태를 유지할 수 있을 거야. 이는 자네가 설정한 목표에 도달하는 데 필요한 동기와 에너지를 제공해 준다네. 또한, 변화에 더 유연하게 대응할 수 있어서 새로운 기회를 효과적으로 활용할 수 있을 거야.

알렉스: 목표 달성 과정에서 주파수 조정이 중요한 역할을 하는군요. 그렇다면 주파수를 조절하면서 겪을 수 있는 어려움은 어떻게 극복할 수 있나요?

조나단: 어려움을 극복하기 위해서는 자신의 감정과 생각을 지속적으로 모니터링하는 것이 중요해. 때때로 자네의 주파수가 낮아질 수 있다네. 이럴 때는 자기 자신에게 시간을 주고 긍정적인 활동에 참여하여 다시 주파수를 높이는 것이 좋아. 또한, 주변 사람들과의 긍정적인 상호작용도 에너지를 회복하는 데 큰 도움이 되지.

알렉스: 정말 감사합니다, 조나단 님. 주파수를 통해 제 삶을 어떻게 개선할 수 있는지 더 명확하게 이해할 수 있게 되었습니다. 말씀해 주신 내용을 바탕으로 실천해 보고, 저도 변화를 경험해 보고 싶습니다.

조나단: 그래, 알렉스. 시간이 벌써 이렇게 됐구먼. 자네 스스로가 주파수를 의식하고 조절하는 것은 결

국 자네의 삶을 변화시키고, 더 나은 미래를 향해 나아갈 수 있는 기초가 될 거야. 지속적으로 연습하고, 자신을 믿으며, 항상 긍정적인 변화를 향해 나아가길 바란다네, 실패한다고 해서 걱정하지 말고 실패는 배우는 과정의 일부라네 끝이 아니고. 실패를 경험할 때마다 그것이 왜 발생했는지, 다음에 무엇을 다르게 할 수 있을지를 고민해 보아야 해. 실패를 교훈으로 삼아 다시 시도하면서 점차 자네 자신을 발전시킬 수 있을 것이야. 항상 자네 자신을 믿고 긍정적인 변화를 향해 나아가길 바란다네. 자네가 발전할수록, 자네 주파수는 자연스럽게 높아질 거야. 그리고 그 높은 주파수가 더 나은 삶을 만들어 갈 거야. 다시 한번 말하지만, 가장 중요한 요소는 일관성과 지속성일세. 주파수를 높이는 것은 단기간에 끝나는 것이 아니라 꾸준히 실천해야 하는 과정이지. 하루아침에 모든 것이 변하지는 않지만, 꾸준히 실천하면 점차적으로 큰 변화를 경험하게 될 것이네. 또한, 자신의 내면 상태를 항상 인식하고 긍정적으로 유지하려는 노력이 중요하다네. 행운을 비네.

모든 것은 주파수

주파수 발견의 역사

고대와 중세 시대

1. 피타고라스 (기원전 6세기)

- 음의 높낮이와 진동수의 관계를 연구.
- 현악기의 현 길이와 음 높이의 비례 관계 발견.

르네상스와 근대 초기

2. 갈릴레오 갈릴레이 (1564~1642)

- 진동과 주기적인 운동 연구.
- 주파수 개념 이해의 기초 마련.

3. **마리오 메르센 (1588~1648)**

- 음속을 측정하는 실험.
- 주파수와 파장의 관계 연구.

근대 과학의 발달

4. 크리스티안 하위헌스 (1629~1695)

- 파동 이론 발전.
- 빛과 음파의 파동 성질 설명.

5. 아이작 뉴턴 (1643~1727)

- 물리학의 기본 법칙 수립.
- 주파수와 관련된 다양한 현상 이해의 기초 마련.

18세기와 19세기

6. 다니엘 베르누이 (1700~1782)

- 공기 중 음파 전파 연구.
- 주파수 개념 발전.

7. 조지프 푸리에 (1768~1830)

- 푸리에 변환 개발.
- 복잡한 주기적인 신호를 개별 주파수 성분으로 분해.

8. 토마스 영 (1773~1829)

- 빛의 간섭 실험.
- 빛의 파동성과 주파수 개념 명확화.

19세기와 20세기

9. 하인리히 헤르츠 (1857~1894)

- 전자기파 발견.
- 전자기파의 존재 증명.
- 주파수 단위 '헤르츠' 명명.

10. 막스 플랑크 (1858~1947)

- 양자 이론 제안.
- 에너지와 주파수 관계 설명.

현대

11. 20세기 후반과 21세기

- 통신, 의학, 지질학, 천문학 등 다양한 분야에서 주파수 연구.
- 무선통신 기술, MRI, 초음파 등 발전.

주파수의 기초

1. 주파수의 정의

- 일정 시간 내 발생하는 진동 또는 파동의 수.
- 초당 진동 수로 측정되며 단위는 헤르츠(Hz).

2. 주파수와 에너지

- 주파수는 에너지와 밀접한 관계가 있음.
- 주파수가 높을수록 에너지가 높아짐.
- **예:** 감마선은 높은 주파수로 높은 에너지를 지님.

3. 주파수의 예

- **저주파:** 20Hz 이하 (예: 지진파).
- **가청 주파수:** 약 20Hz에서 20kHz 사이.
- **고주파:** 20kHz 이상 (예: 초음파, 마이크로파).

4. 주파수의 응용

- **음악:** 주파수에 따라 음의 높낮이 결정.
- **통신:** 라디오, 텔레비전, 휴대폰 신호에 사용.
- **의료:** 초음파를 이용한 의료 영상 촬영.
- **산업:** 기계 부품 결함 탐지에 사용.

파동의 기초

1. 파동의 정의

- 에너지가 매질을 통해 이동하는 과정.
- 매질은 고체, 액체, 기체 또는 진공이 될 수 있음.

2. 파동의 종류

- **기계적 파동:** 매질 필요 (예: 소리파, 물결파).
- **전자기파:** 진공에서 전파 (예: 빛, 라디오파).
- **종파:** 파동 진행 방향과 진동 방향 같음 (예: 소리파).
- **횡파:** 파동 진행 방향과 진동 방향 직각 (예: 빛, 물결파).

3. 파동의 기본 요소

- **파장(λ)**: 두 연속적인 파동의 같은 지점 사이의 거리.
- **진폭(A)**: 파동의 최대 변위.
- **주기(T)**: 한 번의 진동이 완료되는 시간.
- **속도(v)**: 파동의 매질 전파 속도 ($v = f \times \lambda$).
- **주파수(f)**: 1초 동안 발생하는 진동수.

자연에서 발견되는 주파수의 예

1. 지구의 고유 진동수 (슐만 공명)

- 지구와 대기층 사이의 전기적 진동.
- **주파수:** 약 7.83Hz.

2. 동물의 의사소통

- **고래:** 낮은 주파수 소리로 수백 킬로미터 소통.
- **박쥐:** 고주파 음파로 에코로케이션.

3. 식물의 성장

- 특정 주파수 소리가 식물 세포 분열과 성장 촉진.

4. 태양 플레어

- 전자기 주파수 방출.
- 지구 자기장과 통신 장비에 영향.

5. 지진파

- 다양한 주파수의 지진파 생성.
- 지질학자들이 지구 내부 구조 연구에 사용.

6. 하트비트와 뇌파

- **인간과 동물의 심장 박동:** 일정한 주파수.
- **뇌파:** 생각, 수면, 명상 상태에 따라 다른 주파수 (알파파, 베타파 등).

주파수가 신체에 미치는 영향

1. 신체 건강에의 영향

- 특정 주파수 소리는 근육 이완, 혈류 증진, 통증 완화.
- **저주파 진동:** 근육 긴장 완화, 혈액 순환 촉진, 치유 과정 가속화.

2. 정서적 및 심리적 안정

- **특정 주파수 음악:** 감정 조절, 스트레스 및 불안 감소, 행복감 증진.
- **예:** 432Hz 음악은 이완과 치유에 도움.

3. 수면 개선

- **델타파(0.5~4Hz):** 깊은 수면 유도.
- **델타파 음악이나 사운드 테라피:** 수면 질 향상.

4. 뇌파 조절

- **알파파(8~13Hz):** 이완 상태, 창의적 사고 촉진.
- **베타파(13~30Hz):** 주의 집중과 문제 해결 능력 증진.
- **신경 피드백 치료:** ADHD 치료 등.

5. 치유와 회복

- **음악 또는 특정 주파수 사운드 테라피:** 신체적, 정서적 치유 촉진.
- **특정 주파수:** 자연 치유 능력 활성화, 스트레스 감소, 웰빙 증진.

바이노럴 비트와 감정 조절

바이노럴 비트(Binaural Beats)는 두 개의 약간 다른 주파수의 톤을 각각의 귀에 들려주면 뇌가 이를 인지하여 특정 주파수의 차이를 경험하게 됩니다. 이는 뇌파를 조절하여 다양한 감정 상태를 유도하는 데 사용됩니다.

1. 바이노럴 비트의 원리

- 두 개의 약간 다른 주파수 톤을 각각의 귀에 들려줌.
- 뇌가 이를 인지하여 특정 주파수 차이를 경험.
- 뇌파 조절을 통해 다양한 감정 상태 유도.

2. 주파수와 감정 상태

- **델타파(0.5~4Hz):** 깊은 수면, 이완.
  - 활성 시간대: 주로 밤 시간대, 수면 중.

- **세타파(4~8Hz):** 깊은 명상, 창의성.
  - 활성 시간대: 아침 일찍, 저녁 시간대, 명상 시.

- **알파파(8~12Hz):** 이완, 명료한 정신 상태.
  - 활성 시간대: 휴식 시간, 오후, 스트레스 해소가 필요할 때.

- **베타파(12~30Hz):** 각성, 집중력 증가.
  - 활성 시간대: 오전, 업무 시간, 학습 시간.

주파수는 다양한 방식으로 인간의 감정에 영향을 미칩니다. 주파수의 변화는 음악, 음성, 환경 소음 등을 통해 우리의 정서와 감정 상태에 강력한 영향을 미칠 수 있습니다. 아래는 주파수가 인간 감정에 미치는 영향을 설명하는 주요 요인들입니다.

1. 음악의 주파수와 감정

음악의 주파수는 청취자의 감정 상태에 큰 영향을 미칩니다. 다양한 주파수 대역이 서로 다른 감정적 반응을 유발할 수 있습니다.

- **고주파수(High Frequencies)**: 높은 주파수의 음악은 일반적으로 기쁨, 흥분, 에너지의 증가를 유도합니다. 빠르고 경쾌한 리듬과 결합하면 더욱 강력한 긍정적 감정을 촉진할 수 있습니다.

- **저주파수(Low Frequencies)**: 낮은 주파수의 음악은 이완, 평온, 슬픔, 우울 등의 감정을 유발할 수 있습니다. 느리고 부드러운 리듬과 결합하면 명상적 상태나 휴식을 유도하는 데 도움이 됩니다.

2. 음성 주파수와 감정 전달

사람의 목소리 역시 주파수를 통해 감정을 전달합

니다. 목소리의 톤, 억양, 주파수 범위 등은 말하는 사람의 감정 상태를 표현하는 중요한 요소입니다.

- **높은 음성 주파수:** 기쁨, 흥분, 놀람 등의 감정을 전달하는 데 사용됩니다.

- **낮은 음성 주파수:** 평온, 슬픔, 진지함 등의 감정을 전달하는 데 사용됩니다.

3. 바이노럴 비트와 감정 조절

바이노럴 비트는 두 개의 약간 다른 주파수의 톤을 각각의 귀에 들려주면 뇌가 이를 인지하여 특정 주파수의 차이를 경험하게 됩니다. 이는 뇌파를 조절하여 다양한 감정 상태를 유도하는 데 사용됩니다.

- **델타파(0.5~4Hz):** 깊은 수면, 이완.
- **세타파(4~8Hz):** 깊은 명상, 창의성.
- **알파파(8~12Hz):** 이완, 명료한 정신 상태.
- **베타파(12~30Hz):** 각성, 집중력 증가.

4. 환경 소음의 주파수와 스트레스

환경 소음도 특정 주파수 대역을 포함하며, 이는 스트레스와 감정 상태에 영향을 미칩니다.

- **높은 주파수 소음:** 경고음, 기계 소리 등은 스트레스와 불안감을 유발할 수 있습니다.

- **자연의 소리:** 바람, 물 흐르는 소리, 새소리 등은 일반적으로 낮은 주파수를 포함하며 이완과 평온을 유도합니다.

5. 특정 주파수의 치료적 효과

음악 치료나 소리 치료에서는 특정 주파수가 신체적, 정신적 치유를 촉진하는 데 사용됩니다. 이는 주파수가 뇌파와 동기화되어 긍정적 감정 상태를 유도하기 때문입니다.

- **528Hz:** 사랑의 주파수로 불리며, 심리적 치유와 이완에 도움이 된다고 알려져 있습니다.

- 432Hz: 자연의 조화 주파수로, 스트레스 감소와 내적 평온을 유도하는 데 사용됩니다.

주파수와 인간 행동의 상관관계

1. 주파수와 뇌파

- **알파파(8~12Hz)**: 이완과 명상 유도.
- **베타파(12~30Hz)**: 집중력, 문제 해결 능력 향상.
- **델타파(0.5~4Hz)**: 깊은 수면, 신체 회복.

2. 음악과 주파수

- **바이노럴 비트**: 두 개의 서로 다른 주파수 소리를 각 귀에 들려줌으로써 뇌파 동기화.
- 집중력 향상, 이완, 명상 등 다양한 심리적 상태 유도.

3. 주파수와 감정

- **저주파수 음악:** 안정감과 편안함 유도.
- **고주파수 음악:** 활기차고 긍정적인 에너지 유도.

4. 주파수와 생리적 반응

- **심박수와 호흡 속도:** 음악의 리듬과 주파수가 생리적 반응 일으킴.
- **호르몬 분비:** 도파민, 세로토닌 등 긍정적 감정 유도 호르몬 분비 촉진.

5. 주파수와 행동 연구 사례

- **화이트 노이즈:** 특정 주파수 대역의 화이트 노이즈가 집중력 향상.
- **음악 치료:** 특정 주파수의 음악을 활용한 정서적, 행동적 문제 완화.

이와 같이 주파수는 음악, 소리, 환경 소음 등을 통해 인간의 감정과 행동에 깊은 영향을 미치며, 이를 이해하고 활용하는 방법을 통해 더 풍요롭고 균형 잡힌 삶을 살 수 있습니다.

삶을 도와주는 주파수

- 136.1Hz : **우주의 주파수** → 명상과 깊은 이완 상태를 돕습니다.
- 174Hz : **통증 완화** → 신체적 통증을 완화하고, 치유를 돕습니다.
- 174Hz : **진정과 이완** → 깊은 진정과 이완을 유도합니다.
- 285Hz : **에너지 장 회복** → 신체의 에너지 장을 회복시키고, 세포 재생을 돕습니다.
- 285Hz : **세포 치유** → 신체의 치유와 재생을 촉진합니다.
- 396Hz : **죄책감과 두려움 해소** → 이 주파수는 죄

책감과 두려움을 해소하고 감정을 정화하는 데 도움을 줍니다.

- 417Hz : **변화와 용서** → 과거의 부정적인 경험을 해소하고 변화를 수용하는 데 도움을 줍니다.
- 432Hz : **자연의 주파수** → 평화와 조화를 유도하고, 자연과 연결된 느낌을 줍니다.
- 528Hz : **사랑의 주파수** → 사랑과 치유, 긍정적인 에너지를 증가시킵니다.
- 639Hz : **인간관계 조화** → 인간관계의 조화와 이해를 증진시킵니다.
- 741Hz : **문제 해결** → 직관력과 문제 해결 능력을 향상시키는 데 도움을 줍니다.
- 852Hz : **영적 깨달음** → 영적 깨달음과 직관력을 증진시킵니다.
- 888Hz : **부와 번영** → 부와 번영을 유도하는 주파수로 여겨집니다.
- 963Hz : **영적 각성 연결** → 영적 각성과 연결을 돕습니다. 높은 차원의 의식과 연결되고 깨달음을 유도합니다.

- 1074Hz : **의식의 확장** → 높은 의식 상태로의 진입을 돕습니다.
- 1111Hz : **신성한 치유** → 정신적, 감정적 치유를 돕습니다.

특정 주파수를 정확하게 맞추기 위해서는 아래와 같은 방법과 도구를 활용할 수 있습니다.

1. 주파수 발생기 소프트웨어

주파수 발생기 소프트웨어는 다양한 주파수를 생성할 수 있는 도구입니다. 이 소프트웨어들은 컴퓨터나 모바일 디바이스에서 쉽게 사용할 수 있으며, 정확한 주파수를 설정하고 듣는 데 도움이 됩니다. 몇 가지 인기 있는 소프트웨어는 다음과 같습니다.

- Tone Generator (Windows, Mac)
- AudioTest (iOS)
- Frequency Sound Generator (Android)
- Online Tone Generator (웹 기반)

2. 음악 및 사운드 테라피 앱

음악과 사운드 테라피를 위한 다양한 앱들이 있으며, 이 앱들은 특정 주파수를 맞추고 듣는 데 도움이 됩니다. 몇 가지 추천 앱은 다음과 같습니다.

- Brain.fm: 집중, 휴식, 수면을 위한 음악 제공.
- MyNoise: 다양한 사운드스케이프와 주파수 조절 기능 제공.
- Binaural Beats Therapy (Android)
- Tide (iOS): 명상과 수면을 위한 소리 제공.

3. 온라인 플랫폼과 사이트

여러 온라인 플랫폼과 웹사이트에서는 특정 주파수를 맞추고 들을 수 있는 도구를 제공합니다.

예를 들어,

- YouTube: 특정 주파수를 검색하여 다양한 바이노럴 비트와 주파수 음악을 찾을 수 있습니다.

- Solfeggio Frequencies: 특정 솔페지오 주파수 음악을 제공하는 웹사이트와 채널.
- Healing Frequencies Music: 특정 치유 주파수를 제공하는 음악 스트리밍 서비스.

4. 주파수 맞추는 기기

주파수를 정확하게 맞추기 위한 하드웨어 기기도 존재합니다. 특히 음악가나 사운드 테라피스트들이 사용하는 기기들입니다.

- **디지털 튜너**: 특정 주파수를 정확하게 맞추기 위해 사용되는 튜닝 기기.

- **음향 분석기**: 주파수 스펙트럼을 분석하여 정확한 주파수를 확인할 수 있는 기기.

에필로그

당신과 나, 우리의 만남은 이 책의 마지막 장을 넘기는 순간에도 끝나지 않습니다. 우리가 함께 탐구한 주파수의 원리는 이제 당신의 삶 속에서 더욱 활발히 울려 퍼질 것입니다. 이 책을 통해 당신이 얻은 통찰과 영감이 당신의 일상에 어떤 변화를 가져왔는지, 그 변화가 어떻게 당신의 세계를 재구성했는지를 되돌아보는 시간이 되길 바랍니다.

이 책의 페이지를 넘기면서 당신이 경험한 모든 순간들이 당신의 내면에 새겨진 주파수와 어떻게 조화를 이루고 있는지, 그리고 그 조화가 어떻게 당신의 삶을 더욱 풍요롭게 만들고 있는지를 느끼시길 희망합니다. 이 책이 당신에게 제공한 것이 단순한 지식의 습득을 넘어, 진정한 자기 발견의 여정이 되었기를 바랍니다.

당신이 이 책과의 여정을 마치고 나서도, 당신의 주파수는 계속해서 당신 주변의 세계와 상호 작용할 것입니다. 우리가 이 책에서 배운 원리들을 적용하여 좀 더 조화롭고 의미 있는 삶을 구축하는 데 이바지하시길 바랍니다. 무엇보다 이 책이 당신의 삶에서 중요한 변화의 촉매제가 되었기를 바라며, 당신이 앞으로 나아갈 길에 무한한 가능성이 열려 있음을 기억해 주세요.

당신의 주파수가 끊임없이 울려 퍼지도록 계속해서 자신을 탐구하고, 성장하며, 발전해 나가는 여정을 멈추지 마세요. 그 여정 속에서 우리의 주파수가 언젠가 다시 만나길 기대합니다. 여정의 끝이 아니라 새로운 시작을 축하하며, 당신이 이 책과 함께한 모

내면의 파동을 조율하는 법

주파수의 미학

초판 1쇄 인쇄 2025년 2월 21일
초판 1쇄 발행 2025년 3월 1일

저자 이승환(청담케이)
펴낸이 박정태
편집이사 이명수 출판기획 정하경
편집부 김동서, 박가연
마케팅 박명준, 박두리 온라인마케팅 박용대
경영지원 최윤숙

펴낸곳 BOOK STAR
출판등록 2006. 9. 8. 제 313-2006-000198 호
주소 파주시 파주출판문화도시 광인사길 161 광문각 B/D 4층
전화 031-955-8787 팩스 031-955-3730
E-mail kwangmk7@hanmail.net
홈페이지 www.kwangmoonkag.co.kr

ISBN 979-11-88768-90-5 03100
가격 18,000원

이 책의 무단전재 또는 복제행위는 저작권법 제97조5항에 의거
5년 이하의 징역 또는 5,000만 원 이하의 벌금에 처하게 됩니다.

저자와의 협약으로 인지를 생략합니다.
잘못된 책은 구입한 서점에서 바꾸어 드립니다.

든 순간들이 당신에게 소중한 기억으로 남기를 바랍니다.

끝으로 우리가 만나게 된 것을 감사하게 생각하며, 오늘의 내가 있기까지 도움을 주신 하나님, 부모님 그리고 내 주변에 힘이 되어 준 나의 주파수 친구들과 응원해 주신 사람들에게 다시 한번 감사의 말씀을 전합니다.

2025년 어느 날.

- 청케 -